U0687729

大学生就业的理论与职业素养培养

王 亮 贺继伟 著

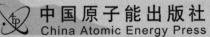
中国原子能出版社
China Atomic Energy Press

图书在版编目（CIP）数据

大学生就业的理论与职业素养培养 / 王亮，贺继伟
著 . -- 北京 : 中国原子能出版社 , 2022.12
ISBN 978-7-5221-2408-7

Ⅰ . ①大… Ⅱ . ①王… ②贺… Ⅲ . ①大学生—职业
选择—研究 Ⅳ . ① G647.38

中国版本图书馆 CIP 数据核字 (2022) 第 254468 号

大学生就业的理论与职业素养培养

出版发行	中国原子能出版社（北京市海淀区阜成路 43 号 100048）
责任编辑	潘玉玲
责任印制	赵　明
印　　刷	北京天恒嘉业印刷有限公司
经　　销	全国新华书店
开　　本	787mm×1092mm　1/16
印　　张	9.5
字　　数	201 千字
版　　次	2022 年 12 月第 1 版　　2022 年 12 月第 1 次印刷
书　　号	ISBN 978-7-5221-2408-7　　　　定　价　76.00 元

前　言

随着高等教育大众化的持续推进，每年都有大量的大学毕业生汇入就业大军，成为其中的重要群体。近年来，为更好地支持大学生就业，缓解大学毕业生的就业压力，国家出台了大量的政策规定，积极完善就业政策体系、优化就业结构等。研究者发现，大学毕业生就业不仅受到外部社会条件、就业政策与环境的影响，大学生自身的素质条件和综合能力也是其中的重要影响因素。在当前疫情突发形势下，依托以互联网、大数据为代表的现代信息技术手段支持的新型就业方式正被越来越多的人所关注，增加了就业的灵活性。但这依然无法撼动大学毕业生严峻的就业形势。在激烈的就业竞争中，较高的职业素养是有效提升大学毕业生的职业竞争力，更好地把握就业机会和时代机遇，并在以后的职业生涯中走得更稳和更远的根本保障。

在我国，高等教育日益普及，与之相对应的就是我国高等教育招生人数和大学毕业生人数急剧增长。但是，随着我国产业化、科技化发展，就业难度及要求不断提高，对技术和专业能力要求较高的就业岗位的紧缺共同导致了大学生的择业问题突出，个人、社会、高校教育、家庭等多方面因素共同导致部分学生在求职过程中出现了焦虑、情绪低落，甚至出现抑郁、恐惧、精神崩溃等就业心理问题。职业素养是一个人在职场中所表现出的素质和能力，是一个人在职场表现是否出色的关键。大学阶段是培养大学生职业素养的关键期，辅导员在此期间对大学生的指导至关重要。本书立足于我国大学生职业素养的现状，分析了培养大学生职业素养的必要性，并就如何培养大学生的职业素养提出了一些策略，以期对大学生职业素养的提高能有所帮助。

为了提升本书的学术性与严谨性，在撰写过程中，笔者参阅了大量的文献资料，引用了诸多专家、学者的研究成果，因篇幅有限，不能一一列举，在此一并表示最诚挚的感谢。由于时间仓促，加之笔者水平有限，在撰写过程中难免出现不足的地方，希望各位读者不吝赐教，提出宝贵的意见，以便笔者在今后的学习中加以改进。

目　录

第一章　高校大学生就业观念

第一节　职业概述

一、什么是职业

（一）职业的含义

职业是参与社会分工，利用专门的知识和技能，为社会创造物质财富和精神财富，获取合理报酬，作为物质生活来源，并满足精神需求的工作。它是人类社会发展到一定阶段的产物。

从不同的角度出发，人们对职业的概念有不同的论述。

中国自古就有"职业"一词，从词义的角度解释，"职"有"社会责任""权利与义务"的含义，而"业"是指以某种特殊的技能"从事某种业务""完成某种事业"。

美国社会学家塞尔兹认为，职业是一个人为了不断地取得收入而连续从事的具有市场价值的特殊活动。这种活动决定着从事它的那个人的社会地位。杜威从实用主义哲学观点出发，认为职业是人们可以从中得到利益的一种生存活动。日本职业专家保谷六郎认为，职业是有劳动能力的人，为了生活所得而发挥个人能力，向社会贡献而连续从事的活动。我国学者姚裕群认为，职业是一个中性的概念。从社会的角度而言，职业是指人们为了谋生和发展而从事的相对稳定的、有收入的、专门类型的社会劳动。就个人的角度而言，职业则是指个人扮演的一系列工作角色。

在现实生活中，人们无不与职业活动发生着紧密的联系，职业活动几乎贯穿每个人的一生。人们在生命的早期阶段接受教育与培训，是为将来的职业活动做准备。从青年时期走入职业生涯，到老年最终离开职业岗位，长达几十年，即使退休以后，还仍然参与职业活动，因此职业活动是每个人社会生活中的重要组成部分。

在社会生活中，每一个有劳动能力的人都要从事一定的生产劳动或工作，用以维持生活，承担社会义务，促进社会发展。人的社会生活和工作领域是非常广阔的，职业门类极其繁多，但每个社会成员只能在某个领域做某种具体工作，以其有限的生命在有限的空间内占有一席位置，这就是他的职业。从社会生产的角度来看，职业是社会分工的结果，一定的社会分工或社会角色的持续实现就形成了职业。

综上所述，职业具有经济性，即从中取得收入；职业具有技术性，即可发挥才能和专长；职业具有社会性，即承担生产任务，履行公民义务；职业具有促进性，即符合社会需要，为社会提供有用的服务；职业具有连续性，即所从事的劳动相对稳定，是非中断性的。

（二）职业的内涵与外延

（1）职业的内涵主要包括以下四点：①与人类的需求和职业结构相关，强调社会分工；②与职业的内在属性相关，强调利用专门的知识和技能；③与社会伦理相关，强调创造物质财富和精神财富，获得合理报酬；④与个人生活相关，强调物质生活来源，并满足精神生活。

（2）职业的外延主要包括以下三点：①有工作，即有事可做，有事可为；②有收入，即获得工资或其他形式的经济报酬；③有时间限度，即从事的劳动具有一定的连续性。

对大学生来说，深刻理解职业的内涵与外延，结合自己的特点选择职业非常重要。

二、职业的分类

职业分类是指按一定的规则、标准及方法，按照职业的性质和特点，把一般特征和本质特征相同或相似的社会职业，分成并统一归纳到一定类别系统中去的过程。世界各国国情不同，其划分职业的标准有所区别。

（一）我国的职业分类方法

1.我国的职业分类

我国人力资源和社会保障部、国家市场监督管理总局、国家统计局联合颁布了《中华人民共和国职业分类大典》，根据在业人口所从事的工作性质的统一性进行分类，将我国职业归为8个大类，66个中类，413个小类，1838个细类（职业）。

2.我国的产业结构

根据行业性质，《国民经济行业分类》将所有行业分为三大产业，具体如下。

第一产业是指农、林、牧、渔业（不含农、林、牧、渔服务业）。

第二产业是指采矿业（不含开采辅助活动），制造业（不含金属制品、机械和设备修理业），电力、热力、燃气及水生产和供应业，建筑业。

第三产业即服务业，是指除第一产业、第二产业以外的其他行业。第三产业包括：

批发和零售业，交通运输、仓储和邮政业，住宿和餐饮业，信息传输、软件和信息技术服务业，金融业，房地产业，租赁和商务服务业，科学研究和技术服务业，水利、环境和公共设施管理业，居民服务、修理和其他服务业，教育，卫生和社会工作，文化、体育和娱乐业，公共管理、社会保障和社会组织，国际组织，以及农、林、牧、渔业中的农、林、牧、渔服务业，采矿业中的开采辅助活动，制造业中的金属制品、机械和设备修理业。

（二）国外的职业分类方法

根据西方国家的一些学者提出的理论，国外一般将职业分为三种类型。

（1）按脑力劳动和体力劳动的性质、层次进行分类。这种分类方法把工作人员划分为白领工作人员和蓝领工作人员两大类。白领工作人员包括专业性和技术性的工作，农场以外的经理和行政管理人员、销售人员、办公室人员。蓝领工作人员包括手工艺及类似的工人、非运输性的技工、运输装置机工人、农场以外的工人、服务性行业工人。这种分类方法明显地表现出职业的等级性。

（2）按心理的个别差异进行分类。这种分类方法是根据美国著名的职业指导专家霍兰创立的"人格—职业"类型匹配理论，把人格类型划分为六种，即现实型、研究型、艺术型、社会型、企业型和常规型。与其相对应的是六种职业类型。

（3）依据各个职业的主要职责或从事的工作进行分类。这种分类方法较为普遍，以两种代表示例。其一是国际标准职业分类。国际标准职业分类把职业由粗至细分为四个层次，即8个大类、83个小类、284个细类、1506个职业项目，总共列出职业1881个。其中，8个大类是：①专家、技术人员及有关工作者；②政府官员和企业经理；③事务工作者和有关工作者；④销售工作者；⑤服务工作者；⑥农业、牧业、林业工作者及渔民、猎人；⑦生产和有关工作者、运输设备操作者和劳动者；⑧不能按职业分类的劳动者。这种分类方法便于提高国际职业统计资料的可比性和国际交流。其二是加拿大《职业岗位分类词典》的分类。它把分属于国民经济中主要行业的职业划分为23个主类，主类下分81个子类，489个细类，7200多个职业。此种分类对每种职业都有定义，逐一说明了各种职业的内容及从业人员在普通教育程度、职业培训、能力倾向、兴趣、性格以及体质等方面的要求。

三、职业的功能

（一）个人功能

职业生活在人们生活中是居首要地位的活动，解决好职业问题对人的一生发展具有重大的意义。人们除了必须从事某种职业得以维持生计外，还可以通过职业活动参与社会实践，获得应有的社会地位，实现自己的人生理想。具体来说，职业的个人功能主要表现在以下几个方面。

（1）职业是个人获得经济收入的来源，是个人维持家庭生活的手段。人们通过职业为社会奉献劳动，社会按照一定的标准付给劳动者一定的报酬，这些报酬成为劳动者及其家庭成员生存和发展的主要经济来源。不同的职业给人们带来的经济收益存在一定的差别，这也直接影响人们的物质生活水平的高低。

（2）职业是促进个性发展的手段。职业活动按照一定的社会规范和内在规律运行，每种职业都有其独特的活动结构，对从业者有着特定的要求。个体从事一定的职业会促进个体在相关方面兴趣的培养和个性的发展，促使个体不断完善自身，从而促进个性的发展。当个人从事的职业能使个人的特长、兴趣得到充分发挥时，也就促进了个性的充分发展。择业的成功和职业上的成就能够满足人们实现社会价值的需要，获得成就感，满足受到社会尊重的愿望，也满足了自我实现的需要。

（3）职业对个体的生活方式有直接的影响。生活方式有广义和狭义之分。狭义的生活方式主要指的是人们的消费方式、言谈举止方式和其他日常生活方式；广义的生活方式，除包括狭义生活方式的内容外，还应包括人们的劳动方式或工作方式。由于不同的职业要求，其就业者必须掌握不同的知识和技术，遵守不同的职业规范，这就决定了不同职业有着不同的劳动方式或工作方式。

在现实生活中，人们经常可见职业对人们的消费方式、言谈举止方式和其他日常生活方式的影响。一般情况下，人们可以从对方的言谈话语、行为举止，判断出对方属于哪一种具体的职业。一个人长期从事某种职业，就形成一种特殊的职业标准类型。这种职业生涯类型将会长期影响其以后的生活方式，甚至可能影响其终身。

（4）职业是个人贡献社会的途径，是劳动者创造人生价值的舞台。由于职业分工不同，从事不同职业的人们对社会所承担的责任大小也就不同，这对于一个人的人生道路的选择以及生活目标的确立有着直接的影响。人们往往从自己长期从事的某一特定职业的实践中，付出艰辛劳动，为社会贡献自己的力量，实现自己的人生价值。

（二）社会功能

职业的社会功能主要表现在以下几个方面。

（1）职业的存在和职业活动构成了人类社会的存在和社会活动，是社会财富的生产和创造过程。任何人生活在世界上都要从事一定类别的职业活动，没有脱离一定职业活动的人类活动。职业劳动创造出社会财富，从而为社会的存在和发展奠定物质基础，在创造物质财富的基础上，同时生产着精神财富，构成人类的一切社会活动。一个社会如果没有专职的科技工作者，就不会有科学技术的日益发展；没有专职的医务工作者，就不会有医疗技术的进步。

（2）职业也是维持社会稳定、实现社会发展的手段。职业的发展是推动社会进步的动力。人类社会是由政治、经济、文化、教育、科学技术、军事等诸方面构成的，人类社会的发展是以上诸因素共同发展的结果，这些因素的发展又是同与之相适应的职业是分不开的。职业活动、各行各业间的相互关系与合作形式反映了社会的运作方式。职业的载体是人，没有职业活动，现代社会就不能维持和运转，更谈不上发展。所以，职业活动是保障社会生存、保持现代文明的复杂结构及经济和社会发展的先决条件。

四、职业评价与职业声望

（一）职业评价

职业评价反映了人们对职业的主观态度。通常公众尺度和自评尺度两种方式体现。公众尺度反映的是由不同背景的公众对职业等级的排列次序；自评尺度反映的是个体对职业等级的排列次序。两者之间相互联系，相互影响。因为专业与职业是相互联系的，所以大学生对专业评价和对职业的评价也是相互联系而发生的。对职业的评价直接影响到职业的选择和就业后的职业流动。

在人们的观念中，众多的职业可以按照"好""坏"标准顺序排列，但是好坏的标准并不是一成不变的，它常常由时代、制度、政策，甚至民族和区域的不同而有所不同。人们知道元代，有"一官、二吏、三僧、四道、五医、六工、七猎、八民、九儒、十丐"之说。在中华人民共和国成立前后，对演艺职业评价有天壤之别。我国经济体制改革前后，对从事个体职业的人评价也有很大不同。我国壮族重农轻商，而藏族则非常看重出家做僧侣……

当然，一般来说，评价职业地位"好"与"坏"的因素主要有四项：职业的社会功能、职业的社会报酬、职业自然条件和职业要求。

（1）职业的社会功能。职业的社会功能是指一定的职业对社会的作用，它由责任、权利、义务体现出来。社会功能大的职业，任职条件高，职业层次也高。

（2）职业社会报酬。职业社会报酬是指任职者的工资收入、福利待遇、晋升机会、发展前景等。这是一个比较综合的指标。如工资收入高，并不一定福利待遇高，也不一定晋升机会多，发展前景就好。

（3）职业自然条件。职业自然条件是指与职业活动相关的自然工作环境，如技术装备、劳动强度、安全系数、卫生条件等。职业自然条件好，职业社会层级也高。

（4）职业要求。职业要求是指一定职业对职业者各项素质的要求。对人要求越高，被人替代的可能性就越小，职业社会层级也越高。

（二）职业声望

职业声望是职业地位在人们头脑中的主观反映，反映了一定时期人们对职业的态度。研究者一般是采取选择具有代表性的公众和代表性的职业，通过调查数据来排列职业声望，反映职业地位。

职业声望是职业社会功能、职业社会报酬、职业自然条件和职业要求四项因素的综合反映和综合作用的结果，任何单项因素都不能全面反映职业声望的状况。有的职业从业者经济收入高，但社会地位并不高，如个体工商业者。

由于职业声望是人们对职业社会地位的主观反映，因此不可避免地带有个人的偏见以及受社会环境、舆论氛围等其他因素的影响，使职业声望和社会地位出现了一定的差异性，主要表现在以下六个方面。

（1）个人偏好。有些人形成了对某一种或某一类职业的好与恶的心理定式，缺乏客观性和全面性，只以职业声望的个别因素为评价依据，对职业进行评价，必定得出片面的结论。

（2）社会环境。人是一定的社会环境的人，人们对职业的评价往往被社会上出现的某类个别现象所引导，如时尚性、趋利性等。尤其是一定社会的政治和文化背景，直接左右着人们对职业的评价。

（3）舆论氛围。一定时期内大众舆论造成的具有倾向性认同的职业，虽然职业地位不高，但因其收入等其他因素，使评价者对某一种或一类职业出现了心理倾向性。

（4）性别差异。职业社会调查结果显示，男女对职业声望的总体评价大致相同，但在绝对分值中，则显示了性别的差异性。

（5）教育程度。受教育程度的不同，使人们对职业声望的评价也不尽相同。

（6）国别和地区。不同国别和不同地区的人们，在职业声望比较中，也显示出了差异性。职业地位是现实的，也是历史的、发展的。在农业社会，对农民的评价高于商人；工业社会崇尚科学家与企业家，对商人的评价高于农民。从就业角度来说，人们一般都愿意选择声望高的职业，或者是从职业声望较低的职业流向职业声望较高的职业。但是，有时也会出现一些非常规现象，如把收入高或工作地区作为择业的单一指向，而不顾及职业的社会功能和个人的能力特长。事实上，职业虽然有地位上的差别，但对社会贡献只是分工不同而已，清洁工一样能做出受到人们崇敬的业绩。

五、职业的产生与发展趋势

（一）职业的产生

职业是人类社会发展到一定阶段的产物，是随着社会分工的产生而出现的。原始社会是人类历史上最初的社会形态，氏族是社会的基本生产单位和组织。氏族成员中存在着自然劳动分工，如男子狩猎、捕鱼，女子在家抚养子女、管理家务。这种分工几乎是纯自然和自发的，是建立在性别、生理差异和年龄状况基础上的，还不能称为职业分工。随着社会生产力的发展、人类征服自然能力的提高，原始农业在社会生产中的重要性越来越明显，农业在社会生产中起主导作用。随后，由于社会生产力的逐步发展，产生了三次社会大分工。第一次社会大分工，畜牧业从农业中分离出来；第二次社会大分工，工业从农业中分离出来；第三次社会大分工，出现了商业和各类服务业。经过三次社会大分工之后，氏族解体，私有制产生，阶级出现，至此，职业活动已成为普遍的社会现象。

当原始社会发展到后期，随着生产力的进步，出现了畜牧业与农业、手工业与农业的分离，继而出现了专门经营畜牧业、农业和手工业产品交换的商业。由于有了这些社会分工，便出现了最初的职业，如农夫、牧人、工匠、商人等。进入奴隶社会，随着生产力的发展，出现了大量的剩余产品，使社会上的一部分人有可能脱离体力劳动，依靠别人的剩余产品来生活。奴隶主和富商完全摆脱了体力劳动，其中一部分人专门从事管理国家、组织生产等活动，由此出现了脑力劳动和体力劳动的大分工，职业的种类又有所增加。

封建社会使职业得到发展。随着封建社会农业经济和社会的发展，冶铁、纺织、陶瓷、造纸、印刷、造船、酿酒、制糖、制茶、漆器和武器制造等手工业、商业和自然科学、文学艺术等领域也都有了很大的进步。除在奴隶社会已经出现的农民、手工业者、商人和生产管理者，又出现了诸如艺术家、诗人、文学家、科学家、医生、教师等新的职业。在新行业产生与兴旺的同时，旧的、落后的行业就逐渐消失了。如冶铁技术的兴起和发展将青铜铸造业挤出了历史舞台，从事青铜铸造业的人就改行从事其他职业了。

资本主义社会带来了职业的繁荣。从18世纪中期起，由于科学技术的发展和生产工具的改革，欧美一些国家发生了产业革命，完成了以机器生产代替手工劳动、以机器大工业及社会化大生产代替工场手工业的重大变革。大规模的机器生产使职业分工更细，而且带来了许多前所未有的职业。

（二）职业的发展趋势

职业是社会劳动分工发展的必然产物，社会分工是职业划分的基础。在人类社会发展的历史长河中，职业并非一成不变，而是在多种因素作用下不断变化与发展的。社会生产力的发展引起的社会分工的变化，决定和制约着职业的发展和变化，社会经济是直接制约和影响职业变化的重要因素。社会政治制度、宗教、文化、经济发展等诸多因素都会带来许多职业的兴衰。科技的发展使社会分工和职业分化的势头进一步加快，职业呈现出向专业化、知识化、智能化、服务化的发展趋势。

（1）社会职业种类增多，新职业频繁出现。经济领域是职业种类和职位数量最多的社会领域。改革开放以来我国经济飞速发展，在经济发展的过程中产生了对各个行业人才的需求。目前职业已远远超过"三百六十行"，据有关资料介绍，大约在20世纪70年代，世界职业种类就超过42 000种，目前则更多。

职业种类的增多还要归功于现代科学技术的新发展、社会经济的发展、一些边缘科学的开发、社会服务的变化、社会政治体制及管理的变化。

（2）对知识技能的要求越来越高。知识是人类实践活动和思维成果的结晶，是人类文明得以发展和延续的基础，是人类改造自然和社会的强有力的工具。对求职者而言，知识的积累是成才的基础和必要条件。但知识数量的多寡并不能完全代表一个人真正的智能水平，因此求职者应把知识转化为专业技术。

随着社会主义市场经济体制的建立和不断完善，社会人才观及人才类型也发生了巨大变化，社会对未来人才知识的综合性结构提出了更高的要求，要求求职者不仅能够成为领域具有专业知识和技能的专门化职员，而且能够突破专业限制，成为掌握多种知识和技能的高素质复合型人才，更应当具有良好修养，成为对社会和单位负责的合格公民。技能短缺阻碍了经济增长、生产力发展和技能革新。低技能约束技术革新速度，而且约束采用更有生产力的劳动组织，因此未来职业的专业性、技能性、功能性特点越来越强。

（3）未来职业中体力劳动类职业与各种职业中的体力成分大大降低。科技进步给职业发展带来巨大冲击，现代科技的发展带来了许多新技术、新产品和新工艺，这些新技术、新工艺的研究开发、应用必然导致部分职业的新旧更替。例如，电子计算机技术的发展使诸如电报发报、电话接线、机械打字等传统职业逐渐走入末路，但随之而来的电子通信网络服务，电脑保安、计算机制造、调试、维修、设计、培训等新职业应运而生。因此，科技发展使职业发展越呈现出这样的特点，即脑力劳动职业发展速度越来越快，体力劳动职业将越来越少，信息时代社会产业结构的变化将不断加剧，这使一部分职业兴旺，而另一部分职业被淘汰的现象大大增加，也使人们在职业间的流动大大增加，结构性失业问题会越来越多。

信息对人们的职业发展具有不可估量的价值，它是现代社会个人或组织赖以生存的基础性资源，信息不仅是知识的传载体，也是机遇的化身。信息隐含着许多机遇信号，职业人员要想谋取理想的职业岗位，充分发挥职业才能，不仅取决于学识技术能力和社会经济需求等因素，也取决于求职者能否掌握足够的职业信息。

现代信息科学技术不仅极大地推动着社会生产力和经济的迅猛发展，也为信息传播创造了优越的条件。人们每天都在通过各种渠道，接受巨大的信息流，现实存在的职业信息告诉我们社会经济生活和职业发展的真实面貌。通过职业信息，人们可以从实际出发看待个人的发展方向，调整个人的职业专业学习内容，有利于合理地调整职业方向，从而避免因信息时代职业变化过快而发生的结构性失业。

（4）服务业发展迅速。服务业是随着经济发展而发展的一个行业，经济越发达，服务业就越兴旺。而且世界经济在飞速向前发展，这必将带动服务业的发展，而服务业又是劳动密集型行业，它的发展必将带动我国几亿农村劳动力的就业。21世纪劳动力市场需要的不再是只懂得遵守纪律的生产线工人，而是有主见、独立的公民，能承担风险的企业家，并且在全球化和技术进步的背景下，能不断汇聚新出现的专业技能的技术人才，在对技能的需求方面，劳动力市场对常规及非常规动手能力、常规认知的需求降低，而对非常规分析和交往能力的需求增加。还要具备创造力和创新技能、批判性思维、信息和通信技术、交流与工作能力、伦理和社会责任感等能力。

总之，无论哪个行业领域，技术性工作者都将成为21世纪社会的职业主体，许许多多的各类技术人员将支撑起各自所在的行业。

第二节　大学生就业与就业指导

一、就业与就业指导

（一）就业

1. 就业的概念

就业是指劳动者同生产资料相结合，从事一定的社会劳动并以此获得劳动报酬或经济收入的活动。就业应具备三个基本条件：一要从事社会劳动；二要得到社会认可；三要有一定的报酬或收入。凡是符合这三个条件，就算就业。

2. 就业的基本特征

（1）社会性。劳动者与生产资料是构成就业的基本要素。两者相结合，处于一定的生产关系之中。生产关系就是社会关系，就业总是受到社会关系的推动和制约，总是同社会的现状与发展密切相关。

（2）经济性。对社会来讲，就业活动在宏观上要求尽可能充分合理地利用社会劳动力资源。对劳动者个人来讲，就业是获得生活资料的手段。就业活动的结果要尽可能地满足劳动者不断增长的物质和文化生活的需要，使劳动力再生产的条件不断完善。

（3）计划性和合理性。劳动者和生产资料的结合不是任意进行的，而是要按一定的计划和比例来进行。其计划的方式由生产关系决定，结合的比例取决于生产力的发展水平。

（4）变动性和相对稳定性。随着生产力水平的提高和社会分工的不断发展，劳动者就业岗位的变换越来越频繁。这种变动在现代社会是不可避免的。同时，不同劳动资料与劳动对象相结合的劳动就业岗位对劳动者的文化、技术水平有着不同的要求。要提高结合的效益，就要不断提高劳动者的素质，并使劳动者尽可能地稳定在一个就业岗位上。

（二）就业指导

1. 就业指导的概念

就业指导也可称为"求职择业指导""职业指导"或"职业辅导"，它有狭义和广义之分。狭义的就业指导是给被指导者传递就业信息，帮助其求职与择业，为其与职业的结合牵线搭桥。广义的就业指导是以被指导者的自身特点、自愿与社会职业的需要相协调为前提，帮助和指导其树立正确的就业意识，并为其选择职业、准备就业以及在职业中求发展、求进步等提供知识、经验和技能，组织劳动力市场以及推荐介绍、组织招聘等与就业有关的综合性社会咨询服务活动。

大学生就业指导是广义的就业指导，是为帮助大学生根据自身特点和社会职业需要，选择并确定有利于发挥个人才能和实现个人理想的职业；帮助大学毕业生按照国家就业政策的导向，及时落实用人单位或自行创业；并为就业后发展成才、创立事业提供帮助和指导，使其实现自己的人生价值和社会价值。

2. 就业指导的作用

就业指导的目的是使无业者有业，有业者敬业，敬业者乐业，乐业者创业。大学生的就业指导是广义上的就业指导。从根本上说，就业指导就是要帮助大学生树立正确的世界观、人生观、价值观，增强毕业生适应经济建设和社会发展的能力。一方面要为全面提高学生的素质和其顺利就业提供多方面的服务；另一方面要帮助和引导学生根据自身特点和社会职业的需要，选择最能发挥自己才能的职业，全面、迅速、有效地与工作岗位结合，实现其人生价值和社会价值。

二、就业指导历史的由来

（一）大学生就业指导的产生与发展

随着社会分工的发展，人们有了从事不同职业的需要，但在一个多世纪以前，由于社会分工简单，职业分类过粗，职业指导的问题并非迫切。到 19 世纪末 20 世纪初，资本主义得到了迅速的发展，社会分工越来越细，新的职业不断出现，以美国为代表的移民国家，由于经济发展迅速，新的工业部门不断涌现，需要对人进行合理安置，职业也对人提出了一系列的要求，因此就有了职业指导的迫切需要。

基于社会的需要，美国的铁路工程师、律师帕森斯热衷于帮助青年人选择职业的工作，他于 1908 年在美国波士顿创办了世界上第一个就业指导机构——波士顿地方职业局，自任该局的第一任局长，开始系统的职业活动。他在第一次报告会上，使用了"职业指导"这一概念，其后这一名词在美国广泛使用，并很快传播到其他国家。1909 年，他的著作《选择职业》出版，这标志着就业指导工作在美国的发起。

1911 年，哈佛大学首开了就业指导大学生的先河，开设就业指导十讲。1917 年，波士顿职业局并入哈佛大学教育研究生院，更名为哈佛大学教育研究生院职业指导局，这标志着美国大学就业指导工作的正式开展。

我国也是世界上开展就业指导工作较早的国家之一。20 世纪初，留美归国学生倡导和发起就业指导。1916 年，中华职业教育社主办的刊物《教育与职业》第 15 期专门刊出《职业指导》专号，进行宣传和倡导。1923 年，清华大学设立职业指导委员会。1931 年 9 月 21 日，全国职业指导机关联合会成立，并以研究职业指导为宗旨。同年 12 月 14 日，联合会举行了第一次年会。著名的教育学家蔡元培、黄炎培等都为就业指导做出过重要贡献。倡导就业指导最得力的组织首推"中华职业教育社"。该社成立于 1917 年，以"使无业者有业，使有业者乐业"为社训，其主要工作内容为：一是调查本地重要职业；二是调查毕业生的基本情况；三是征求实业家对毕业生的要求；四是给毕业生讲演择业要点。1924 年，该社在上海、南京、济南、武汉等地举行了为期一周的职业指导活动。1927 年 9 月，上海职业指导所成立，宗旨为"求人者得人，求事者得事"，工作内容包括升学指导、职业咨询、职业测验、职业演讲、职业调查、择业指导、改业指导等。1931 年，南京、无锡、常熟、嘉定等地也纷纷设立职业指导所。全国各地青年协会每年举行夏令营，邀请有关专家研究青年职业问题，出版刊物，指导青年就业。

当时中国职业指导的倡导者花了不少力气，想了不少办法，使中国的职业指导从无到有，取得了一定成效，但由于其后外侵内乱，教育落后，社会发展缓慢，就业指导中断。中华人民共和国成立后，由于实行高度集中的计划经济，毕业生就业实行统包统配制度，人们的思想意识中没有开展就业指导的必要，所以从中华人民共和国建立到 20 世纪 70 年代末期，就业指导一直中断。

（二）我国开展大学生就业指导的历程

我国就业指导工作的恢复是在 20 世纪 80 年代中期。当时上海和北京的一些职业中学为帮助学生顺利就业开始试行职业指导，当时的劳动人事部还编写了培训教材《就业指导》。从大学来说，深圳大学首开改革开放后大学生就业指导的先河。深圳大学是我国改革开放后成立的一所新型大学，学生毕业后不包分配、自谋职业，因此就业指导工作应运而生。深圳大学于 1986 年成立了大学生就业指导中心，中心为学生就业开展咨询服务活动，开设就业辅导课，编辑《就业指导报》，利用"电脑"搜集，存储就业信息，设立就业信息公布栏，组织用人单位进行招聘，使该中心成为学生就业的桥梁和纽带。

在毕业生就业改革的新形势面前，原国家教委积极推动大学生就业指导工作的开展。1983 年年底，原国家教委创办《毕业就业指导报》；1989 年 4 月，筹建"全国高等学校毕业生就业指导中心"，经过两年时间的准备，1991 年 2 月中心正式挂牌成立；1993 年原国家教委创办了《中国大学生就业》刊物，并成立了毕业生就业指导专业委员会，研究毕业生就业制度改革和就业指导理论及工作的开展，并多次发出通知，要求适应毕业生就业制度改革，积极开展就业指导工作。

1991 年，由国务院批准的《高等学校毕业生分配制度改革方案》（以下简称《方案》）中，把就业指导工作作为毕业生就业制度改革的配套措施，要求各地方、各部门和各高等学校建立毕业生就业指导机构。《方案》提出，就业指导机构的主要任务是：贯彻国家毕业生就业的政策、法规，发布毕业生供求信息，架起沟通毕业生、学校、用人单位之间的渠道，对毕业生进行就业指导，为毕业生创造公平竞争的客观条件，指导"双向选择"工作的正常运行，研究解决工作中出现的矛盾和问题，为学校反馈信息。1995 年原国家教委办公厅又发出通知，要求把就业指导列入正式的教育教学计划。

从目前来看，我国已形成了以国家教育部为主的领导和指导机构，形成了高等学校以及主管毕业生就业的各省和地方人事部门的毕业生就业指导或服务机构，形成了纵向贯通、横向交流的就业指导模式。社会上面对毕业生就业服务和帮助企事业单位人才录用服务的人才评价机构也已诞生。这标志着我国的大学生就业指导工作已进入了科学化和规范化的轨道。高校的就业指导工作正蓬勃开展，对问题的研究不断深入，内容不断扩展，认识不断提高。高校的就业指导工作在形式上生动活泼、灵活多样。教育部提出高等院校要把就业指导列入必修课。我国高等院校的就业指导工作再上新台阶。

三、就业指导的主要内容

（一）就业理论指导

这是就业指导的重要内容，主要是对大学生进行思想教育，引导学生树立正确的人生观、人才观和就业观，帮助大学生科学认识和正确对待就业。理论指导重点是解决以下几个问题：①树立正确的成才观，认识如何成为适应社会发展的高素质人才；②树立正确的择业标准，指导毕业生把个人理想与国家需要结合起来，从实际出发，适应社会发展的要求；③确立职业道德。

（二）职业生涯发展规划指导

按照自身和社会的实际情况来设计、规划自身未来的职业发展方向和目标，进而为实现该目标而努力。

（三）就业政策法规指导

①通过就业政策指导，使学生了解国家制定的全国性的就业改革、有关部门和省市制定的行业性和区域性就业政策以及所在学校制定的具体实施意见，按有关规定就业。②劳动法规指导。大学生就业的实质是与用人单位建立劳动合同关系，就业法规指导大学毕业生依法办事，用劳动法维护自身的权益，履行应尽的义务。③就业工作程序指导。这有利于大学毕业生在规定的时间段内收集信息，参与双向选择、进行毕业鉴定、办理报到手续等，而不影响学校正常的教育秩序和学生的学习。

（四）就业心理指导

随着就业竞争的日趋激烈，大学生的择业心理问题近年来呈上升趋势，各种心理障碍和心理疾病影响大学生顺利走向社会。就业指导还要运用心理学的原理和方法，针对大学生心理发展特点和择业中暴露出来的心理问题，进行择业心理教育与指导。

（五）就业信息指导

就业信息指导就是学校通过多种渠道收集和掌握社会需求信息，通过整理、归纳和分析，预测就业动态和人才的供需矛盾，了解和掌握用人单位对人才素质的要求，并及时将信息传递给学生，以对他们的求职择业及自我塑造和发展起到帮助和导向作用，包括国家宏观就业形势的分析指导、收集具体就业信息的指导。

（六）就业技巧指导

求职是一门艺术，有许多技术和技巧，求职的技巧有时对学生成功择业产生直接影响，因此求职技巧的指导具有较强的实用性，对保证求职的成功具有重要的意义，包括自荐技巧（主要是递送自荐材料）、面试技巧、礼仪的指导。

（七）走向职业成功的指导

学生从学校走向社会，是人生道路上的一大转折。在刚刚走上工作岗位时，由于环境发生了变化，需要一个适应的过程。在这个过程中，要完成从学生到职业人的角色转变，需要经历社会化和再社会化的过程。如何尽快适应环境，进入新的角色状态，完成工作以后的心理调适，是就业指导需要解决的问题。要通过走向社会的指导，帮助学生及时调整自己的心理，尽早进入新的角色状态，尽快适应环境，适应社会，树立信心和责任感，用自己所学知识在实际工作中乐业、敬业，脚踏实地地干一番事业。

（八）创业教育和指导

党的十七大明确提出了"实施扩大就业的发展战略，促进以创业带动就业"的要求。党的十八大报告提出："引导劳动者转变就业观念，鼓励多渠道多形式就业，促进创业带动就业。"

面对大学生就业难的压力及社会对创业人才的迫切需求，对大学生进行创业教育，增强创业文化的熏陶，让大学生了解创业知识和国家鼓励创业的政策是他们能够按照国家政策导向和学校的要求，增强创业意识，提高创业技能，使有创业才能的大学生通过自己的创业为社会创造更多的就业岗位。

第三节　国外高校的就业指导

一、美国高校大学生就业指导

美国实行的是大学生自由就业制度，学校对大学生就业不承担责任。但由于毕业生就业情况关系到高校的声誉和地位，特别是关系到学校的办学效益，所以各高校都十分重视大学生就业指导工作，投入了大量的财力、物力、人力，使其蓬勃发展。

（一）美国高校大学生就业指导内容

1.学生自我评价、专业定向和择业目标指导

从学生入学起，就业中心就通过心理测试等方法帮助学生对自身的性格、兴趣、

爱好、能力等做出评价，使学生在自我评价的基础上进行专业和职业定向；进入毕业前期，通过咨询方式与学生面谈，帮助学生找到适合自己兴趣、能力、价值观的专业与职业领域，指导学生确定择业目标。对学生进行求职择业训练，包括如何写个人简历、求职信，如何获取信息，怎样展示个人特长，求职面试要领等。其方式有个案咨询辅导，也有培训班、指导课形式的集体辅导，还通过模拟应聘面试、音像教学等多种形式给学生以指导。

2.就业信息服务

通过信息网络及时收集各种社会需求信息。学生可以随时通过信息网络查到自己所需要的全国乃至世界各地的需求信息，也可以把求职信息通过网络传送给雇主。此外，就业指导机构还备有各类有关就业指导的图书、报纸、杂志、企业介绍材料，供学生随时查阅。

3.拓展实践途径

由于许多雇主非常看重学生的社会经历、实践经验和动手能力，学校努力为学生提供到需求单位实习、工作的机会。各校都有一批长期保持密切联系的企业和机构，通过组织学生去实习、工作，增强学生的社会实践能力，为供需双方提供互相选择的机会。

4.服务雇主

当毕业生与雇主达成就业意向之后，雇主往往要派专人来校与毕业生面对面洽谈，学校就业机构在这方面的接待服务也是经常性的、大量的。

5.举办校园招聘面试活动

各大学在教学日历上都安排有固定的学生就业招聘日程，在校园内定期举办招聘面试活动，届时学校的就业机构要接待来自各界的招聘代表，组织类似我国高校的"供需洽谈会"活动。

（二）美国高校大学生就业指导工作特点

1.就业指导与学校教学工作相结合

从学生入学起，学校就为学生提供前期职业指导服务，在选择专业和课程方面给学生以帮助；进入高年级特别是毕业学年，学校又为学生提供就业信息服务和就业技巧训练等方面的帮助；毕业后，毕业生仍可回到母校接受各种就业指导和培训教育，获得学校持续不断的服务和帮助。

2.就业指导顺应社会需要与职业要求

美国高校通过社会各界对各个高校评价情况排名公布以及产学合作教育等方式，加强与社会、职业界的联系，了解就业市场需求，提高学生职业素养与就业竞争力。

3. 就业指导人员职业化、专业化、专家化

就业指导人员一般都具有心理学硕士或者博士学位，并具有职业咨询师资格。据统计，目前全美国共有职业咨询师 16 万人，其中 80% 在高校，为校内职业咨询师。

（三）美国高校大学生就业指导的局限性

1. 缺乏主流的价值观导向

受西方文化的影响，各高校就业指导工作中一般不对学生持有的价值观加以评价，只是帮助学生了解自己的问题，更深入地认识自己，进而协助他们调适矛盾和处理情绪，引导他们自己解决问题。因此，容易导致学生过于关注自我的发展而忽略社会需求。

2. 适用性不够广泛

美国的就业指导理论及方法具有浓重的西方色彩。东西方的地域、历史、文化、思想的差异决定了这些就业指导理论、具体操作方法引入他国必须经历一个本土化的过程。

3. 生活指导与社会教育缺乏有机结合

美国高校的学生大部分是走读的，住宿分散，教学采用学分制，这直接影响他们参与校内活动，特别是接受指导服务，造成了学生集体生活的缺乏和集体观念的淡漠，教育的效果很容易被社会不良风气冲淡，难以得到保证和巩固。

4. 过分依赖测试手段

随着测试手段的广泛运用，美国高校就业指导工作有过分依赖测试工具的倾向，缺乏生动、具体、灵活的工作。由于青年时期是人的思想、心理、价值观极易变化的时期，测试结果仅是学生某一时期各方面的瞬间体现。因此，测试结果的科学性、长效性不高，影响了工作效果。

二、日本高校大学生就业指导

日本的政府、高校、社会都非常重视高校毕业生的就业指导工作。就政府而言，逐渐形成了由文部科学省主管、厚生劳动省协管、大学生就业指导部门为中心、企业提供支持、就业考试予以保障、大学生积极参与的政府主导型就业促进类型。

（一）发挥政府职能，保障和稳定毕业生就业

1. 改进教育培训体系，提升大学生的就业能力

日本文部科学省于 2000 年提出了"大学生生活的充实方针和政策"的报告，提出改善学校学生生活的种种方针和政策，并要求各大学积极培养学生的职业观，对学生实施一对一的细致入微的就业指导，建立和完善学校内的就业指导体制。

日本厚生劳动省于 2004 年 7 月推出"青年就业基础能力支援项目"。该项目是厚生劳动省基于对企业的调查，将企业录用时所重视的能力——"就业基础能力"整理为五个方面，分别为职业人意识、沟通能力、商务礼仪、基础学力和资格取得能力，并且对相关的讲座（考试）进行规范认定，推出"认定讲座、考试"（1784 个讲座、316 项考试）制度。修完认定讲座或者认定考试合格并取得相应资格的青年可以申请并获得厚生劳动大臣署名的能力证明证书。

日本 2009 财年补充预算（第 2 号）拨款 1 亿日元用于在大学设立帮助大学生就业的"职业顾问"，以加强教育辅导、开设职业课程等方式促进大学生就业。2009 年日本政府发布的"紧急雇佣政策"专门强调对毕业生的就业支援，通过文部科学省改善就业辅导、设置帮助学生制订"生活规划"的职业教育指导课程，促进高校职业指导的制度化。2010 年推出"应届大学毕业生就业支援项目"，该项目强调促进大学生的就业意识，加强就业支援，鼓励大学生积极提高就业能力。文部科学省将向 130 所通过审查的大学提供每年约 2000 万日元的专项经费支持。同时，政府拿出 108 亿日元专项资金，给予符合条件的实习生技能学习补助，给予企业教育训练技能补助和宿舍补助。

2. 积极采取措施，鼓励大学生自主创业

日本政府采取多重措施积极鼓励大学生创业。2002 年编制了一项 1844 亿日元的预算，政府根据新办企业的技术含量和雇佣工人的人数，提供一定数量的新办企业扶助金。要想创办企业，自谋出路，只要提出申请，政府有关部门将根据具体情况，给予一定数额的事业扶助金。只要失业、无业人员或是大学生有切实可行的创业计划，政府就为他们创业提供无担保、无抵押融资。2009 年，日本政府通过修改《商法》，降低了创办企业的注册资金，允许设立 1 日元资金的公司，公司成立后必须逐步增加注册资本，在五年之内达到法定的资本金。日本"1 日元公司"创立许可的新政策为更多立志创业的毕业生提供了各种便利条件和机会。

3. 为大学生提供就业信息和咨询服务

针对大学生初次就业率的持续下降，日本政府采取了专门针对毕业生的信息发布措施，根据毕业生的特定需求提供就业信息、就业咨询与配置服务。近年来日本的主要城市设有负责介绍和安排高校毕业生就业的"学生职业中心"。此外，还有日本雇用信息中心、雇用开发协会、日本人才介绍事业协会、日本人才派遣协会、日本招聘信息协会等众多的就业咨询服务机构。2010 年 9 月，日本政府成立了由所有的都道府县劳动局、地方政府、劳工、工业、利益相关者和学校等成员组成的"毕业生就业支援总部"，负责开展大学毕业生就业情况调查，掌握对大学生就业支援的情况，构建大学毕业生就业服务体系，建立全国企业信息检索系统，强化各都道府县学生职业综合支援中心及其网站的作用，提供实时的就业信息和咨询服务。在提供信息的同时，进行针对学生的职业适应性鉴定、就业心理咨询等服务工作。

（二）积极拓展大学生就业岗位，提高就业率

日本政府于 2009 年 10 月制定了加强对大学毕业生就业支持的《紧急雇佣对策》，通过政府与企业的合作，当年为大学生提供 10 万个工作岗位。2010 年，日本内阁府通过了"新成长战略"，除了减税，还在产业方面提出了七大重点领域，其中第六项"就业与人才"的战略目标将就业卡持有人数增加到 300 万，为大学毕业生未就业者提供了更多的机会。2010 年出台的《劳动者派遣法修正案》原则上禁止仅有工作临时签订雇佣合同的登记型劳动者派遣和制造业派遣，希望把生活和收入不稳定的派遣员工引导到正式员工的雇佣方式上。针对 2011 年春季毕业的大学生和高中生不断发生"已内定录用"被取消的情况，日本政府要求企业要加强自律，尽可能避免出现这种情况。此外，日本政府和执政党出台了关于援助企业"非正式员工"新措施的方案。根据方案，按照每人最高 100 万日元的额度，向把派遣员工转为正式员工的派遣企业提供资金支持；向录用已被取消"内定录用"毕业生的企业发放补助金；向社会公布恶意取消"已内定录用"的企业名单等。日本政府还制定了新的"雇佣对策"，扩大"雇佣调整补助金"的发放范围，以确保就业形势的稳定。

（三）各高校注重大学生的就业指导和咨询服务

面对大学生严峻的就业形势，日本各高校，特别是一些私立大学，都成立了就业科或就业部，专门负责学生的就业指导和咨询服务工作，加强对大学生职业意识和就业观的教育，使学校教育与社会需求相接轨。

（1）日本高校在多年的实践过程中，逐渐形成了以就业指导委员会为中心、企业和社会各界提供支持、大学生积极参与、完善的职业教育机构，为解决毕业生就业问题提供了强有力的保障。从宏观上看，日本大学的职业生涯教育机构不是简单意义上的行政部门，它承担着与就业有关的职业教育、咨询服务和研究功能，对学生的职业教育进行统筹规划，全盘管理，贯穿于高等教育的始终。

（2）为帮助学生提高职业素质，形成符合实际的职业理念，日本各高校在专业课程设置上，以社会需求为中心，既注重基础理论教学，更重视实践技能培养，各高校都设有设施齐全、技术一流的实践基地，为学生打下了扎实的实践技能基础。

（3）十分注重对学生就业技巧的培训，传授求职技巧，帮助学生养成独立思考、积极进取和勇于竞争的意识，保持良好的心态，从而提高择业能力，为将来求职做好充分的准备。为提高学生的求职实战技能，举办了诸如新闻传媒、广告出版、公务员、文书、教师及海外留学、到外企就业等各行业的就业技巧培训服务，以及开展应聘时的笔试指导、心理测试、模拟招聘面试等活动。

为提高学生的实践能力，学校每年一般安排两周时间，组织学生到企业研修，并

计入学分。此外还通过各种形式的实践活动，如社会调查、志愿者服务和社团活动等，搭建平台，锻炼学生的实践能力。

三、美日两国高校大学生就业指导对我国的启示

（1）"单纯的就业指导"转变为"职业生涯规划指导"。大学生就业指导是一门理论性、实践性、操作性非常强，极具研究性的学科。其具有三个特点：①各个专业、各个学科有不同的就业特点，因此就业研究应当根据不同的专业、不同的学科进行科学分析，应该结合社会需求、各自不同的特点进行具体分析；②不同学校的相同专业应当有不同的专业特色，专业特色要根据学校的指导思想、办学特色、教育特点等形成；③由于不同院校、不同专业的学生受个人因素（性格、气质、职业价值观、兴趣、特长等）和环境因素（就业政策、经济形势等）的影响，所以每个学生的个性和综合素质不同。

基于此，政府、高校和社会都应把高校毕业生就业指导作为一门学科加以建设，在借鉴国外先进理论的基础上，逐步探索出一套符合我国国情，适合高校学生特点的就业指导理论和实践体系。在实践探索的过程中，既注重以正确的人生观、人才观和择业观引导学生，又注重个人兴趣和创新能力的塑造、批判性思维和社会责任感的培养，真正使"单纯的就业指导"转变为"职业生涯规划指导"，进而使就业指导工作逐步向系统化、科学化、规范化发展。

（2）"被动权利主体"转变为"主动权利主体"。大学生就业权益的保护是一个系统工程，政府应致力于就业相关法律的制定，构建有效的就业权益保护体系，促使指导政策法制化、制度化，切实维护大学生的主体利益。目前，就业指导中存在三方面法律问题：①多数大学生法律知识欠缺、肤浅，就业、社会经验有限，难以应对"险恶"的市场；②近年大学生逐年递增，初次就业缺乏经验，合法权益屡被侵害；③大学生就业规定与劳动法、地方劳动法规相比，还存在一定的缺欠、不完整和脱节问题。

基于此，面对就业竞争激烈、就业形势严峻、就业陷阱较多、毕业生与用人单位相比处于弱势地位等情况，大学生作为就业中的权利主体，要预防和控制就业风险，在求职前应主动了解国家相关政策和法律法规，如《合同法》和《劳动法》，以及相关部委颁布的《关于贯彻执行＜劳动法＞若干问题的意见》和《人才市场管理规定》等，做到知法用法，提高应对能力，合理合法地维护自己的权益。

（3）就业工作由"计划与行政管理职能为主"转变为"服务与指导职能为主"。我国大学生就业市场具有特殊性，应借鉴国外将政府、用人单位和高校都作为就业指导工作主体的做法。在高校毕业生就业管理方面，由教育部负责毕业生离校前的就业指导和服务工作，人力资源和社会保障部负责毕业生离校后的就业指导和服务工作，形成毕业届时集中就业、毕业过后分散就业、就业后再就业调整等动态性的就业格局。

基于此，教育部门要指导高校大力加强在校生的就业指导和服务工作，并继续深化高等教育改革，充分调动专门的就业指导机构及相关人员的积极性，形成"全员参与、全过程指导、全方位帮助"的就业氛围。地方政府应将高校毕业生就业纳入当地就业总体规划，实行目标责任制。各级人力资源和社会保障部门要做好高校毕业生离校后的就业指导和就业服务工作。其他有关部门要引导高校毕业生树立正确的就业观和成才观，形成全社会共同促进毕业生多渠道就业的良好环境，实现以行政管理为主向以服务与指导为主转变。

（4）"帮学生找工作"向"教会学生找工作"转变。教育部〔2002〕18号文件对就业指导的师资队伍建设提出了明确的要求："要尽快提高就业指导教师队伍的整体素质，把就业指导教师队伍建设摆到整个高校师资队伍建设的重要位置，努力提高就业指导队伍的专业化和职业化水平。"

基于此，要解决好大学生就业难的问题，应做好三方面工作：①政府要想办法提供尽可能多的就业岗位；②建设一支高素质、专业化、职业化的就业指导队伍；③大学生要树立职业化意识、机遇意识、创业意识，主动适应市场需求。重点把好"三关"：①人口关。严格准入制度，要求就业指导人员除具有硕士及以上学位，还应具有职业指导资格证书以及心理学、人力资源管理、社会学、高等教育学、职业指导理论专业背景。②数量关。严格按照教育部要求，组建一支由政府、社会、企业和学校的相关专业人员组成的"水平较高、数量充足、专兼结合、专职为主"的就业指导与服务工作队伍。③考核关。根据就业指导工作的特点，将其与职称和职级的评定、业务进修有机结合，努力实现"帮学生找工作"向"教会学生找工作"转变。

（5）指导内容由"单一化"向"多样化"转变。大学生就业指导内容是否适应当前社会经济发展的需要，是否贴近学生的实际，是否新颖、活泼和多样，是就业指导工作成败的关键，也是就业工作开展效果的具体体现。

基于此，在就业指导内容上，要引导学生按社会需求加强能力培养。应做到：①以增强学生就业能力为目标。大学生的就业能力是指大学生通过教育获得的知识、技能以及适应劳动力市场变化的能力。高校应加强教育教学改革，注重学生知识水平、学习能力、生产能力和社会适应能力的培养。②注重社会责任感、职业精神和职业意识的培养。采取校友回校做报告、社会人士讲企业文化、开设就业指导课等灵活多样的就业指导方式等注重职业道德的培养。③开展全程化、多样化的就业指导。从新生入学教育开始到整个大学期间，分阶段对学生进行适应性就业指导，加强学生世界观、人生观、价值观教育及就业观教育。

（6）指导体系由"平面化"向"立体网络化"转变。高校立体化、网络化就业指导是一项系统工程，需要政府、高校和社会之间不懈努力和有序联合，从而较好地满足学生就业指导的需要。

基于此，要使就业指导体系立体化、网络化，借鉴国外经验须做到：①就业指导主体多样化。高校、企业和社会都是大学生就业指导的主体，政府只进行宏观就业政策方面的管理。②就业指导机构立体化。政府、高校、社会作为横向主体的同时，各主体内部形成四级纵向的指导机构，如政府有部级、厅级、市级和县级，同时横向主体间相互联系、相互作用。③服务平台立体化、网络化。积极办好利用网络技术资源构建的全国大学生就业公共服务立体化平台，充分发挥就业战线和教育行业资源优势，集信息共享、远程见面、咨询指导、教育培训、经验交流、政策发布与辅助管理功能为一体，为大学生就业提供全面信息服务，真正实现指导体系由"平面化"向"立体网络化"转变。

第二章 高校大学生择业素质及特点

第一节 高校毕业生的基本素质

大学生择业的基本素质包括思想与道德素质、知识与能力素质及身体与心理素质等。

一、思想与道德素质

大学毕业生在求职择业过程中，用人单位十分看重择业者的思想道德素质。例如，国内某知名企业，在招聘条件中明确提出：应聘大学生最好是中国共产党党员或争取入党的积极分子、三好学生、优秀学生干部，热心社会工作、具有合作意识、为人正派……

上述案例说明，用人单位首先在"择人"，即审视毕业生的思想政治素质和人品。一般而言，社会对大学生在校期间的政治进步与荣誉十分看重，甚至将这种进步与荣誉作为衡量学生思想道德素质的硬性指标。因此，大学生应注重自己思想道德素质的提高。

（一）树立科学求实的职业理想观

职业理想是大学生选择职业类型与区域的原动因素，求职择业的一切都以此为基本出发点。大学生在走向社会时，基于其政治成熟度与社会价值观处于待完善、待发展的状态，因此其职业理想貌似形成，实则有许多尚需修正的地方。欠发展的、不平衡的就业理想观将导致对其今后的职业生涯产生深远的影响。大学生的职业理想应该是大学生对未来职业的一种强烈的追求和向往，是对未来职业的规划和构思。

成熟的职业理想不能忽视以下几个条件。

（1）把生活看作一个劳动过程。当你确定依靠自己的劳动创造自己的未来时，就要将自己的职业理想建立在一个客观现实的基础上，努力创造条件，不断追求，使职业理想不断升华，人生更显光彩。

（2）把热爱家乡与热爱祖国紧密地联系在一起。这看似与职业理想关系不大，其实它是树立职业理想的基本思想条件。当你从心底里统一了"两个热爱"时，你就会把个人的职业理想与祖国的命运、父母的企盼、家乡的发展联系在一起，从而把个人的理想与平凡的职业联系在一起。有了这样的职业理想就一定会有高尚的职业道德。

（3）正确地评价自己的职业理想，客观地看待社会发展条件与实现个人职业理想的关系。其实一个人可能一生都在寻求自我职业理想的实现，但客观地认识社会发展水平和实现自我职业理想的条件就是一个主观见之于客观的过程。只有当理想与现实达到一致时，职业理想才能成为现实。形成正确的职业理想后，就会在选择职业时不以个人喜好为目的，不受非现实的理想所干扰，不为个人得失和名利所诱惑，就能正确地做出职业选择。

（二）拓展社会视野，增强竞争意识

随着大学生就业市场国际化逐步形成，培养具有国际竞争能力的高级专门人才的优良品格就显得更为迫切。竞争意识作为当代人优秀的个性品质之一，受到用人单位的广泛关注。要适应双向选择的人才市场要求，竞争意识培养不容忽视。人才竞争包括两个方面：一是用人单位对人才的挑选，能者用，能者上；二是人才本身在求职择业过程中，要获得理想的职业，就要凭自己的实力战胜竞争对手。择业素质中的竞争能力既表现在毕业生的素质实力，即"硬件"（如毕业生的思想、品格、成长阅历、工作能力、学业成绩、专业水平、身体条件等）上，也表现在择业活动能力，即"软件"（如获得信息能力、自荐能力、应答礼仪等）上。这两者是择业成功不可缺少的重要因素。不仅如此，在就业之后，也会面临众多的挑战者。要想胜任工作，取得丰硕成果，就必须敢于竞争，善于竞争，在竞争中激发自己的内在潜力，增强工作和社会活动能力。

（三）树立面向基层、艰苦创业的思想

人生是艰苦奋斗的过程。准备求职的大学生必须要有面向基层、艰苦创业的思想准备。基层工作尽管比较艰苦，工作、生活条件和环境相对较差，但由于缺乏人才，急需大学毕业生去开拓、去创业，因而大有用武之地。一些高校近年来的毕业生成才情况的追踪调查报告显示，工作出色、成绩显著的毕业生大多出自基层，大多是从基层艰苦奋斗，成长起来的。可以说，基层是毕业生成才的沃土，"宝剑锋从磨砺出，梅花香自苦寒来"。没有艰苦的锻炼，没有工作经验和能力的逐渐积累，怎么能做出前所未有的成就和担当重要的责任呢？大学生只要真正深入基层当中，扎扎实实地工作，肯定会大有收获。

二、知识与能力素质

例如，某位工科大学毕业生在大学学习生活中，除了认真学好文化课外，课余时间几乎都花在拆、修电视机，修电路开关等实践性工作上。学校的大型活动、院系的联欢晚会都少不了请他担任音响设备的总控制。他在担任声像协会会长一职之后，把悄无声息的协会搞得红红火火。在毕业联系就业单位时，该同学拿着全国电子设计竞赛二等奖、省电子设计竞赛一等奖、全国数模竞赛二等奖及各类竞赛获奖的证书，叩开深圳华为的大门，并且就职于他十分喜爱而通常由博士生、硕士生占据的技术开发部。该同学在回顾大学生活时总结道："在大学四年的最大收获，就是给自己提供了充分锻炼能力的机会。"

从上述案例可以看出，决定求职择业成功的因素很多，但最重要的应是求职者的知识结构与能力。随着时代和社会的进步，人们对人力资源的开发越来越重视，用人单位在挑选人才时，对应聘者的科学文化水平和知识结构要求越来越高。一个人的科学文化水平的高低，知识结构是否合理，是否具备相应的实践能力，决定其在求职择业时的成功率和相应的职位层次。要想有所作为，大学生应该及早确定择业目标，自觉地把大学学习同今后的就业紧密地联系起来，建立起合理的知识结构，培养科学的思维方式，提高实践能力，以适应职业岗位的要求。

（一）拓展自己的知识视野，完善知识结构

（1）合理的知识结构是胜任现代社会职业岗位的必要条件和人才成长的基础。广博的知识视野是人才适应社会岗位、应变环境的文化基础。现代社会的职业岗位需要的不仅仅是知识结构合理，而且要求适时拓展自己的知识视野，达到终身教育、终身学习的境界。只有这样，才能根据当今社会发展和职业的具体要求，发展自己、完善自己，拓展学到的知识，有所创造，适应新情况，解决新问题。择业者知识结构的合理与拓展源于在校期间是否打下了宽厚、扎实、系统、严谨的知识基础及专业技能功底。大学教育的目标之一就是要扩大学生的知识面，这样学生才会有"后劲"。随着社会行业、职业结构调整速度的加快，大学生无论是选择职业还是适应工作性质的变动，都离不开宽厚扎实的基础知识的储备。

（2）掌握一技之长等于获取了竞争特殊专业岗位的入场券。一般情况下，大学生毕业后将要从事专业方面的工作。因此，专业知识是大学生知识结构的核心部分，也是受过高等教育的人才知识结构的特色所在。经验表明，那些具有特殊技能的毕业生往往根据社会对人才评价的资格化倾向要求，不断充实和完善自己，使自己的资质也逐步融于社会化、客观化、公平化、国际化评价标准之中。如不少毕业生在校期间就

开始参加相关资格考试，与国家有关部门陆续在全国范围内开展专业技术、资格考试制度相适应，既作为择业的专业资格凭证，又为今后从事专业工作、评聘技术职务奠定了基础。目前，一技之长的资格证书已经日渐被广大专业技术人员和用人单位所接受。

（3）掌握现代管理和人文社会知识，为适应社会岗位的全方位要求奠定基础。现代化的社会需要大学生具有一定的社会知识、经济管理知识和人文知识。目前不少大学生普遍存在知识面太窄的问题。因此，大学生应利用专业学习的空余时间，多读一些社会科学、管理科学方面的书籍，拓宽知识面，开阔视野，从而提高竞争力。

（4）适时吸纳、储备大容量的新信息、新知识，为拓展就业空间创造条件。现代科学技术发展迅猛，如果只掌握本专业现阶段的知识，则很难适应社会需要。大学生要利用在校学习的宝贵时间，充实自己，在知识的宽度和深度延展上下功夫，关注科技发展前沿信息和最新行业发展动态，涉猎现代科学书籍，使自己具有专业眼光，具有前瞻性和先进性思维方法。这样就能跟上国际科技发展的步伐，为自己的择业拓展广阔的空间。

（二）锻炼培养适应择业需要的实践能力

知识的积累并不等同于能力的积累。要将知识升华为能力，必须做出巨大的努力。大学生在完成学习任务的前提下，应争取培养更多适应社会需要的实际应用能力。

1.大学生应具备的基本能力

（1）适应能力。适应能力就是根据客观情况的变化，能随机应变地适时调节择业行为的能力。现代社会是复杂多变的，要适应这种状况，保证自己从学校到社会的顺利过渡，就需要提高自己的社会适应能力。学校教育是基础教育、通才教育，走上工作岗位以后，有些知识用不上，有些知识不够用，有的要从头学起。这就要求刚走上社会的毕业生根据工作的需要调整自己的知识结构、能力结构及行为方式，尽快培养适应社会的应变能力。

（2）人际交往能力。人际交往能力是指择业者以社会认可的方式，妥善处理人与人之间的关系，并与他人和谐共处、共同发展的能力。生活工作中需要与许多人交往，要交往就难免会产生矛盾。作为大学生，只有具备一定的人际交往能力，善于处理各种人际关系，才能在工作中充分施展自己的才能。在人际交往中，要以善良、诚实的传统美德来善待他人，"将心换心，以诚相待"；要学会尊重他人，要换位思考，多为他人设身处地地着想，这样才能得到他人的尊重；要学会既能干大事，又能做小事的本领，不能以"才子"自居，妄自尊大，要有甘当小学生的精神；学会处理具体问题，既坚持原则，又不失灵活。

（3）表达能力。表达能力是指以语言或其他方式展示自己思想感情的能力。它是交流思想、交流感情的基础性素质，故又称为语言文字沟通能力。表达能力主要包括口头表达能力和书面表达能力。口头表达能力要求语言的流畅性、灵活性和艺术性；书面表达能力要求文句的逻辑性、艺术性和条理性。对一名大学毕业生来说，表达能力在将来的工作岗位中是极为重要的。有的大学生在工作中动手写东西很费劲，拿起笔来不知从何入手，写出来的东西文字不顺、逻辑不通；有的连通知、申请都写不好；有的会设计，但写不好说明；有的外语不错，中文却不行；有的外语水平根本不能适应经济全球化的发展要求；等等。因此，大学生在校期间要努力加强锻炼，不断提高中、外文表达能力。

（4）开拓创新能力。开拓创新能力是指用已经积累的知识，通过不断地探索研究，在头脑中独立地创造出新的思维，提出新的见解和做出新选择的能力。它包括发现问题、提出问题、发现规律的能力，创造性地分析问题和解决问题的能力，发明新技术、创造新产品的能力，提出新思想的能力等。它是由观察敏锐性、记忆保持性、思维灵活性、独立思考能力、创造性思维、创造性想象和创新意识等基本要素构成的。大学生在校期间应不断增强开拓创新意识，加强开拓创新能力的锻炼。

（5）动手能力。把创造性思维变成实际的物质成果，或是用生动形象的实践过程呈现创造性思维的转化能力即为动手能力，也称为实验操作能力。这种能力对于大学生，尤其是工科大学生来说尤为重要。在现实工作中，需要既能讲出科学道理来，又能动手干出样子来的人才。所以，大学生在学校不仅要积累知识，还要通过参加科研活动，利用生产实习和勤工助学等机会，着力培养和提高实际动手能力。

（6）组织管理能力。组织管理能力包括计划能力、组织实践能力、决断能力、指导能力和平衡能力。在目前毕业生就业市场上，具有一定的交往能力和组织工作能力的大学生越来越受到用人单位的普遍欢迎。许多单位挑选大学生时在注重学业成绩的同时，对其是否担任过学生干部、担负过社会工作很感兴趣。因此，大学生在校期间应积极参加社会活动，不断增强自己的组织管理能力，以利于今后的工作。

2.大学生应重视实践能力的培养与锻炼

实践能力的培养要从进入大学校门时做起。参加社会实践，如助工、助研、助管、助学活动都是有益的能力训练机会。这不仅是对学生智力和能力的检验和训练，而且是培养和锻炼自学能力、综合运用能力、实际动手能力、创造思维能力、独立开展工作能力的系统训练。通过这种训练，可以增加其对未来工作环境、工作性质、工作要求及自己所学专业应用范围的全面了解，从而发现自己的长处与不足，明确自己未来工作学习的努力方向，培养和提高自己分析问题和解决问题的能力。

3.积极参与社会技能训练与实践

各种各样的证书及反映自己能力的材料被大学生形象地称为"护照"。据某省人才交流中心统计，在有记录的求职大学生当中，有 40% 拥有两门以上专业证书，有 36% 拥有社会事务兼职证书，有 80% 拥有优秀学生干部、模范团员和优秀党员证书。因此，在校大学生社会技能训练与实践尤为重要。

三、身体与心理素质

某高校一名优秀毕业生以优异成绩通过国家机关公务员考试后，又经面试合格通知体检。体检结果查出患有乙型肝炎而未被录取，错过了极好的就业机会。还有一名学生学习成绩不错，所学专业也是目前社会上急需的，但他在双向选择招聘会上与用人单位洽谈时，由于缺乏自信心和勇气，表现出战战兢兢的样子，连走路都变了形，让用人单位形容成"走路像鸭子一样"。该学生表现出强烈的畏惧心理，使用人单位感觉该学生缺乏竞争意识，自卑心理太重，其结果是该生被许多用人单位婉言谢绝。

通过上述案例可以看出，大学生要想在求职竞争中取胜，除了做好思想素质、知识技能等方面的准备，还应具有良好的身体与心理素质。

身体素质是人的各种素质的基础和载体，其重要性人人皆知。然而，由于大学生精力充沛、生命力旺盛，多数人没有经过大的病痛折磨，健康状况不成问题。因此，身体素质问题往往被忽视，在大学学习期间要注重身体锻炼，注意养成良好的生活卫生习惯。在就业市场上，学生的身体状况已成为用人单位考察求职者的基本条件。

良好的心理素质是建立在人的健康体魄之上的特定行为倾向特征。心理素质对大学生就业与成才有着重大影响。对于一名毕业生来说，调整好择业心态，做好充分的心理准备，勇敢地迎接挑战，在择业过程中需要进行如下心理调整。

（一）以发展的观点，审视自己，评价自己，调整好就业心态

每个择业者都有自己的优点和长处，也都有自己的缺点和短处，这就是人们常讲的"尺有所短，寸有所长"。对此，每个毕业生对自身能力都应有客观和正确的认识，明白自己能干什么和不能干什么，这就是所谓"知人者智，自知者明"。要具备良好的择业心态，需要避免下列问题的发生。

1. 择业目标不恰当

择业者的择业目标和本人具备的实力相当或接近，有利于增强其自信心，从而使自己在择业中处于优势地位。目标的适当取决于知己知彼。择业目标扬长避短是成功择业的保障。这就要求毕业生避免择业定位的理想主义色彩，适当降低择业期望值，确保顺利就业。这就意味着适时放弃刻意追求的不现实的定位，牢牢把握择业机会，对某些"脚踩几只船，这山望着那山高"，不能及时调整择业期望值者尤为适用。

2. 攀比心理

择业者处在择业洪流中，期望水平会受到其他择业者期望水平的影响。虚荣心、侥幸心理会使其改变原有的自我期望而产生不切实际的攀比行为。学成从业、服务社会、实现自身价值是每一个大学毕业生的美好愿望。但是，有些毕业生在择业过程中，不是从自身的特点、能力和社会需要出发，而是盲目攀比，认为只有比别人的工作单位好才能实现自身价值。到头来，只求得一时的心理平衡，却不利于自身价值的实现和长远发展。

3. 依赖心理

有些毕业生在择业过程中缺乏自信，把希望寄托在拉关系、走后门上，有的甚至由家长出面与用人单位洽谈。殊不知，这样做的结果恰恰让用人单位对其产生缺乏独立生活能力及工作能力差的不良印象。当今社会，挑战与机遇并存，只有在择业之初，树立自信心，敢于竞争，才能在众多的求职者中脱颖而出。然而，依赖社会外力，特别是依赖不确定因素，甚至社会不良风气择业，往往增加了择业者的心理压力，结果往往不会令人满意。相信自己、发展自己、锻炼自己是克服依赖心理的重要保障。

（二）解放思想，转变观念，勇敢地面对社会的选择

1. 改变"一次就业定终身"的职业观念

随着社会对人才要求的更新和提高，人才资源总是在不断地交换和流动中得到优化配置、有效利用。科学技术的突飞猛进和知识的快速更替、用人制度的改革和人才市场的不断建立和完善必将使失业和就业成为大学毕业生一生中经常遇到的事情。因此，每个大学生都要有多次就业的思想准备，而不要因为第一次择业不够理想就丧失了信心。要抱定豁达乐观的择业态度，坚信"天生我材必有用""西方不亮东方亮"，树立多次择业的观念。

2. 树立发展的就业、职业观念

大学毕业生要树立"先就业，后择业，再创业"的思想，树立逐步到位的观念，勤奋务实，努力上进，专心致志，勇于创新，正确处理人际关系，正确对待事业挫折，在曲折的工作经历和多次工作更替中，实现自己的人生抱负。

3. 树立淡化就业单位身份、属性的观念

要改变以单位所属性质、效益定优劣的观念。随着市场经济不断发展，企业"身份"日渐淡化，特别是我国加入WTO后，国外公司大量涌入，企业性质对大学生就业的影响进一步缩小。据北京某大学就业调查分析，目前大学生择业标准发生变化，已经由以往注重单位地区、效益向注重单位对个人今后发展方面转化。换言之，大学生越来越注重就业单位是否对自己今后发展有利，发展的空间有多大。

（三）完善自我，不断克服择业中的心理障碍

择业是大学生人生中一次重大选择，因此给大学生带来很大思想、心理压力，使很多人背上沉重的精神负担，也使部分学生产生各种各样的心理障碍。

1. 焦虑心理

焦虑是一种常见的神经官能症，是以发作性或持续性情绪焦虑、紧张、恐惧为基本特征的一种病态心理。许多大学生在毕业前夕都会产生各种焦虑心理。担心自己的理想能否实现，能否找到适合发挥特长、利于自己成长的单位和工作环境；害怕被用人单位拒之门外，十年寒窗付之东流；担心自己的选择是否正确；等等。特别是一些长线专业，性格内向或有生理缺陷、成绩不佳、能力一般而又不善"包装"自己、临近毕业就业单位仍无着落的大学生，表现得更为焦虑。

大学生择业中焦虑心理的一种常见表现就是急躁。尤其在职业未最终确定之前，这种心理就表现得尤为明显。他们有时恨时间过得太慢，简直是度日如年；有时又恨时间过得太快，最后期限将至，单位仍无着落。他们埋怨用人单位优柔寡断，怨父母亲朋办事不力，希望能一帆风顺，一旦遇到挫折后便暴跳如雷，怨声载道，特别是那些在规定期限内未落实单位的学生，心情更为急躁。这种急躁心理往往使他们缺乏自我控制，烦躁不安，无所适从，有时会导致事倍功半甚至事与愿违等不良后果。

2. 虚幻型企盼心理

虚幻型企盼心理更多表现为幻想心理，是由心理冲突或害怕挫折引起的。这也是有些大学生在择业中渴望竞争，希望能找到理想的单位和职业，但由于害怕面对屡受挫折后严酷的竞争结果，而采取的一种逃避态度。他们往往幻想不参与竞争，就能如愿以偿找到理想工作单位。更有甚者，陷入自我欣赏、自我陶醉的深渊，幻想用人单位能主动找上门来，哪个单位录用自己是其荣幸、"慧眼识金"等。有这种心理的大学生很容易脱离现实，幻想代替现实，不思进取，整日处于幻想状态中，恍恍惚惚，使自己的择业目标与现实产生很大的反差，很难找到理想职业。

3. 自卑抱怨心理

自卑抱怨心理是由于受到暂时性挫折而产生的一种心理障碍。大学生在择业前，往往踌躇满志，跃跃欲试，很想一显身手，大展宏图。而一旦受到挫折后，容易产生自卑心理，自信心大大减弱，自尊心受损伤，对自己全盘否定，感到一种空前的失败和愧疚，从此自己看不起自己，自惭形秽。在择业中，往往缺乏自信心和勇气，不敢面对竞争，这在性格内向或有生理缺陷的学生身上表现较为明显。自卑不仅使其悲观失望，不思进取，错失良机，也有碍自身才能的正常发挥。

4. 怯懦胆怯心理

怯懦胆怯心理在毕业生面试中表现尤为明显。面试前，一些人如临大敌、紧张不

安、手忙脚乱,大有"丑媳妇见公婆"之态。面试中,面红耳赤,语无伦次,支支吾吾,答非所问,手足无措,辛辛苦苦准备的"台词""腹稿"一急之下,都抛到九霄云外,忘得一干二净;有的谨小慎微,生怕说错一句话或因一个问题答不好,影响自己的第一印象,以致缩手缩脚,影响了正常水平的发挥。为克服上述弱点,毕业生应在平时积极参加学生班集体和社团活动,培养自己的应变能力和语言表达能力。

(四)大学生应具备的择业心态

为了做好就业的心理准备,保证求职择业的顺利进行,在积极进行心理调适、排除种种心理障碍的同时,还应进行心理锻炼,努力提高自身素质,树立正确的择业心态。

1. 正视现实心态

正视现实是大学生保持健康的择业心态的重要标志。正视现实就是要正确认识现实社会存在的地区差异、供需矛盾及就业现实与自身期望之间的差距。从实际出发,处理好现实与理想之间的关系。那种脱离现实、好高骛远、凭空臆想的心态是不可取的。

2. 正视自身心态

常言道:"知人为聪,知己为明;知人不易,知己更难。"正视自身,首先要对自身的现状有充分的认识,即自己的主要特长、学习成绩、各种能力、性格特点等。其次,要根据自身特点和社会要求对自己的未来发展方向做出清醒的判断。

第二节 就业者自我评价

择业者的自我评价是自我认知的过程。就大学生择业而言,自我评价是大学生择业意识从"我想干什么"的幻想型,转变到"我能干什么"的现实型上的过程,也就是实现择业者知行统一的过程。因而,自我评价仍需处理好主、客观的统一问题。

一、自我评价的内容

不同的择业者有不同的职业适应范围,不同的职业对人有不同的要求,两方面的最佳结合就是择业者的个人特征与职业对人的要求相匹配。因此,了解个人特征是科学地选择职业的基本条件。就大学生择业而言,职业体力倾向、职业能力倾向和职业个性倾向是自我评价的主要内容。

(一)职业体力倾向

择业者的职业体力倾向是通过对择业者的身体素质的评价、分析,判断出其适应的职业倾向,一般包括力气、身体动作的敏捷性和平衡性、整体协调控制等。

（二）职业能力倾向

择业者的职业能力是保证其顺利完成某项活动的主观条件。它总是和某种活动相联系并直接影响人的活动效率，在具体活动中表现出来。

择业者在职业规划中的能力分为一般能力和特殊能力。一般能力是顺利完成各种活动所必备的基本能力，如注意力、观察力、记忆力、想象力、思维能力等。特殊能力是顺利完成某种特殊活动所必备的能力，它与职业活动相联系。职业能力既与一般能力有关，又与特殊能力密不可分。人们从事的某种职业活动都是具体的，因此人的职业能力倾向主要也是人的特殊能力。它表示从业人员为胜任某一职业要求而必备的能力。

（三）职业个性倾向

职业个性倾向主要是指个人的职业兴趣与性格。职业兴趣是劳动者对某种类型的工作或活动由于关切或被吸引，进而能够专心致志的倾向。职业性格是指劳动者个人比较稳定的职业兴趣评价，是检验择业者对哪种或哪类职业有兴趣。但是，对于择业的大学生来说并不一定了解职业的详细情况，朦胧地表达职业兴趣可能会事与愿违。因此，职业兴趣评价必须根据人的职业兴趣特点和职业性质，对职业进行适当的分类，然后做出分析和判断。

职业性格评价是根据择业者的性格特点来选择其所适应的职业类型。性格是一个人在个体生活过程中所形成的，对现实较为稳固的态度及相应的行为方式。职业心理学研究表明，性格影响着一个人对职业的适应性，一定的性格适合于从事一定的职业，同时不同的职业对人有不同的要求。因此，大学生在选择职业时，不仅要考虑自己的职业兴趣与职业能力，还要考虑自己的职业性格特点，考虑职业对人的要求，从而根据自己的性格特点选择最适合自己的职业，或者改变自己的性格特点来适应职业的要求。

二、自我评价的原则

自我评价是建立在自我观察与自我分析基础上的对自我身心素质的全面评估。择业者在自我评价时应把握如下原则。

（一）适度性——自我评价应该适当

不适当的自我评价不是过高的评价就是过低的评价。过高的评价往往使自己脱离现实，意识不到自己的不足之处，甚至自傲狂妄，由自信走向自负。过低的自我评价往往忽视自我的长处，缺乏自信，过于自卑。过高或过低的自我评价对自己都是不公正的。

（二）全面性——自我评价应当全面

在对自己进行评价时，既要看到优点和长处，又要看到缺点和短处；既要对某一方面的特殊素质进行具体评价，又要对其他各个方面的整体素质进行综合评价；既要考虑到全面的整体因素，又要考虑到其中占主导地位的重点因素。反之，任何一种片面的、孤立的、不分主次的自我评价显然都不可能全面而正确地反映自己的整体素质状况。

（三）客观性——在自我评价时，应以客观事实为基础和依据

虽然是自己对自己进行观察、分析和评价，但也应该以客观事实为依据，才有可能使自我评价趋于客观、真实。

（四）发展性——在自我评价时，应以发展变化的眼光看待自己

在进行职业规划的自我评价时，不但应当对自己的能力做出适当、全面、客观的评价，而且应当着眼于未来的发展变化，预见性地估价自己将来的发展潜力和前景。

三、个性特点与职业选择

（一）职业能力与职业选择

职业能力决定职业选择，职业选择验证职业能力。我国近代职业教育的倡导者黄炎培先生说："一个人的职业和才能相当不相当，相差很大。用经济眼光看起来，要是相当，不晓得增加多少效能；要是不相当，不晓得埋没了多少人才。就个人论起来，相当，不晓得有多少快乐；不相当，不晓得有多少怨苦。"个人只有选准了与自己职业能力相匹配的职业才能如鱼得水，否则，就会影响职业活动效率，甚至使职业活动不能正常进行。大学毕业生在择业时，必须认清自己的能力特性，并根据自己的职业能力和专业优势来考虑选择什么职业。

（二）兴趣与职业选择

择业者的兴趣是择业者力求认识、掌握某一职业，并经常参与该种活动的心理倾向。择业者对某种职业感兴趣，就会对其表现出肯定的态度，并积极思考、探索和追求。因此，职业兴趣是人们选择职业的重要心理因素。

择业者的职业兴趣在择业活动中具有积极作用。择业者的职业兴趣是一种带有情绪色彩的认识倾向，在择业活动中可影响人们的职业定向和职业选择，激发人们的探

索和创造力，并增强人的职业适应性。有关资料表明，如果一个人对某一工作有兴趣，就能发挥他全部才能的 80%～90%，并且能较长时间保持高效率而不感到疲劳。而对工作缺乏兴趣的人，只能发挥其全部才能的 20%～30%，也容易疲劳、厌倦。兴趣还是成功的起点，古今中外的著名科学家、文学家、艺术家往往是在强烈的兴趣推动下经过探索、追求而取得成功的。例如，英国著名女人类学家古道尔，从小就喜欢生物，并逐步对黑猩猩产生了强烈的兴趣。于是她不畏艰难，只身深入热带森林，与黑猩猩一起"生活"了十多年，掌握了极其宝贵的第一手资料，为揭开黑猩猩的秘密做出了贡献。达尔文、爱因斯坦、李四光、陈景润等著名科学家获得巨大成就的最初推动力也是来自兴趣。演艺界的黄宗江、黄宗英、黄宗洛三兄妹，从小就对戏剧电影产生了浓厚兴趣，都成了我国有名的艺术家。可以说，谁找到了自己最感兴趣的职业，谁就有可能踏上成功的道路。但是，一个人在选择职业时，应把个人的兴趣爱好与社会的需要结合起来，即以社会需要为前提去发展自己的兴趣爱好。实践表明，兴趣是可以培养的。有中国美猴王之称的六小龄童，小时候却怕猴，见到猴子吓得直跑，但在他父亲六龄童影响下，由怕猴慢慢到爱猴，最后把中国的猴戏演到了炉火纯青的地步，成了中国的"一代猴王"。

在培养兴趣时，一要注意广度，兴趣要广泛；二要有中心兴趣，不能浮泛；三要有稳定的职业兴趣，不能这山望着那山高，朝更暮改。

（三）气质与职业选择

气质是一个心理学名词，是指人们心理活动的速度、强度、稳定性和灵活性等方面的心理特征。具有某种气质特征的人常常在不同活动中，都表现出同样方式的心理活动特点。因此，求职者在求职择业时正确认识自己的气质类型是十分重要的。

择业者的职业气质类型与职业选择关系密切。不同的职业对人的气质要求不同。根据国外职业分类规范和国内心理学界的研究成果，职业气质可以分为 12 种类型，即变化型、重复型、服从型、独立型、协作型、孤独型、劝服型、机智型、经验决策型、事实决策型、自我表现型和严谨型。虽然其中不乏许多借鉴之处，但是若刻板地将自己划归为某一种气质类型而寻找职业，必将陷入刻舟求剑的僵化思路中去。

（四）性格与职业选择

性格是个人对现实的稳定态度和与之相适应的习惯化了的行为方式中表现出来的个性心理特征。人的性格是千差万别的。有的人诚实、正直、谦逊；有的人活泼、好动、善交际；有的人深沉、内向、多思；有的人悲观、厌世、孤僻；等等。由于性格不同，个人对社会职业的态度也就不同。

性格和职业的关系是一种彼此制约又互相促进的关系。选择职业时要考虑自己的性格特点，尽量选择适合自己性格特点的工作。但是不能一味地强调性格不适应，因为性格是以后天因素为主形成的，是发展的、变化的、不断完善的。不能以某一种工作不适应某一从业者性格为由而刻板化择业。试想，某一职业的从业者如果均为某一性格特征，则很有可能造成该职业群体内部的心理不平衡，从而造成心理互补性极差的尴尬局面，而且在该职业群体中易于流行某一职业性的心理疾病。

第三节　大学生的择业特点

在当前大学生就业市场上，毕业生的择业意识、择业观念、择业标准、择业渠道、择业方法及在择业中呈现出的矛盾等都发生了明显的变化，具体表现有如下特点。

一、择业意识增强

大学生的择业意识随着毕业生就业制度改革的深入和就业市场化的发展，越来越强烈。

（一）从等待分配变为主动出击

双向选择的就业制度被广大毕业生接受，毕业生自主择业意识、竞争意识不断增强。面对当前严峻的就业形势和就业压力，他们摆脱被动依靠、消极等待的思想，树立竞争择业的观念，并主动出击，提早准备，勇敢地走向就业市场，积极主动地参与就业竞争。通过竞争，寻求理想的职业；通过竞争，实现个人的职业目标。有的则主动学习求职知识和技巧，并灵活应用；还有的甚至从低年级开始就关注就业市场的变化，并将学习、实习、社会实践与就业紧密地结合起来。

（二）由注重择业结果变为注重择业基础

过去许多大学生只是一味地追求如何去求职，如何找到理想的就业单位，即注重择业的结果，而忽视平时的就业准备，即择业的基础。如今，不少大学生意识到学业是择业的基础和前提，要想在就业竞争中获胜，就必须努力提高竞争的实力。因此，他们发奋学习，全面提高自身综合素质，注重各种能力的培养和提高。如今，大学校园中的学习风气不断浓厚，学习自觉性日渐提高及外语热、计算机热、辅修课热、考研热等都是大学生为适应市场需要做出的积极努力。

二、择业观念时尚

随着大学生就业的进一步市场化以及竞争的日益加剧，大学生的择业观念也发生了很大的变化，并且日渐时尚。具体表现如下。

（一）"先就业、后择业、再创业"的观念

面对当前的就业形势，许多大学生改变了一步到位的思想，树立了"先就业、后择业、再创业"的新观念。走一条面对现实，降低起点，先融入社会，再寻求发展的道路。他们在毕业时，只要有条件基本认可的用人单位接纳，就先工作，实现就业，步入社会。工作一段时间后，认为不合适，再重新选择职业。有了一段就业和择业经历，各方面的经验和能力得到提高，具备了自信心和实力，时机和条件成熟时，即可大显身手，走艰苦创业之路，追逐自己理想的事业。

（二）到非国有单位就业的观念

过去，部分人片面认为，只有到国家机关、事业单位、国有企业才算就业，而对到"三资"企业、民营企业等非国有单位就业则认为不稳定、不可靠、不保险，因而不愿去这些单位就业。即使暂时去了，也不做长期打算。留恋公职，留恋干部身份。如今，广大毕业生已摒弃了这种狭隘的就业观念，树立了新的就业观，即只要能发挥个人的能力和才干，又能服务于社会，有相对稳定的收入，不管是国有单位还是非国有单位，甚至从事个体，都是就业。这是一种弹性而广泛的就业观。也就是说，大学生已淡化公有、私有的观念，树立起了全方位、多渠道的就业意识。

（三）淡化专业对口的观念

随着人才培养的宽口径和社会对大学生综合素质及能力要求的不断提高，如今愈来愈多的毕业生在求职择业时，已淡化了专业对口的观念，而是在学以致用的原则下，发挥素质优势，在更加宽泛的就业范围和领域内，寻求理想的职业。

（四）自主创业的观念

一些大学生在毕业时，不是向社会寻求工作，而是用自己所学的知识自主创业。例如，有的人自己或与他人合作创办公司，发挥自己的专业优势和素质优势；有的则另起炉灶，从小事做起逐步发展。这不仅解决了自己的就业问题，也为他人创造了就业机会。

（五）正确对待"待业"的观念

随着毕业生中待业人数越来越多，大学生对待"待业"也有了正确的认识。很多人意识到，待业不仅越来越成为一种很正常的社会现象，而且暂时的待业不等于永久性失业。部分大学生经过短时期待业后，可能会很快找到就业岗位。因此，他们在积极争取即时就业的同时，也有暂时待业或失业的思想准备和心理承受能力。

（六）适时流动的观念

在传统统招统分的就业制度下，由于个人很少有择业选择的机会，因而"一次就业定终身"成了大学生普遍的就业心理。而在当今双向选择的市场化就业氛围下，职业流动不仅得到大学生的认同和支持，而且现代社会的发展正在加快社会职业的流动。这些变化打破了"从一而终"的就业观念，代之以职业流动和适时流动等观念的确立。正因为如此，许多毕业生在工作岗位上能够充分发挥专长，大显身手。

（七）终生学习的观念

现代职业变化的日新月异、人们职业岗位的迅速变化以及职业对从业者要求的不断提高使许多大学生意识到，要想不被职业所淘汰，就必须树立终生学习的观念。不断地学习新知识，努力适应社会发展的需要。同时，大学生已经意识到，大学教育固然重要，但它仅仅是终生教育的一个阶段，大学毕业以后的延伸教育和重新学习对于重新选择职业岗位，取得职业成就，具有非常重要的作用。

三、择业标准务实

许多毕业生在择业时，选择标准更加务实，其考虑的主要因素可归纳为以下几点。

（1）首先注意能否发挥个人的才能和特长。这是与他们择业动机中突出自我发展、追求长远的人生发展目标相一致的。

（2）越来越重视经济利益。即重视单位的经济效益、工资水平和福利待遇。

（3）挑选单位的地域位置。多数毕业生向往大中城市，尤其是沿海中心城市。他们认为这些地区经济发展水平高，生活环境和发展前景较好，施展个人才能的机会也多。

（4）注重单位的发展前景。

（5）力求有一定的社会地位。大学生择业时虽然很重视经济利益，但并未把其作为唯一因素。求得有一定社会地位的职业仍然是许多大学生的理想。许多毕业生不仅注重单位的地域位置、经济效益、福利待遇，也注重单位的发展前景、工作环境、企业文化和用人机制。

四、择业渠道多元化

在毕业生日益适应供需见面、双向选择的就业制度，就业观念不断更新的新形势下，毕业生择业的渠道也更加多元化。他们不仅通过学校就业部门获得就业信息，参加本校组织的各种招聘会，而且充分利用外校、外地及社会上的人才交流大会落实就业单位。例如，有些毕业生利用社会的媒体、中介组织获得就业信息；有些毕业生借助家长、亲朋好友、校友及老师、同学的推荐获取就业信息，签订就业协议；有些毕业生继续复习考研，或出国深造；有的先参加短期培训，再慢慢寻找就业单位；有的选择自主创业的路子；等等。

五、择业方法讲究

在大学生就业市场上，毕业生越来越重视择业技巧，因为择业知识的学习和择业技巧的掌握对毕业生成功求职择业具有重要的意义。许多毕业生精心准备自荐材料，注重对自己的"包装"，力求面试时给招聘单位留下良好的印象；讲究择业道德和文明礼貌；通过多种渠道收集就业信息等。许多毕业生还采取了自荐、他荐和同学之间的相互推荐，或请院（系）领导、班指导教师、辅导员、代课教师推荐等方式，都取得了良好的效果。

六、择业矛盾突出

总体来讲，当代大学生择业观的主流是正确的，但也存在一些突出的择业矛盾，主要表现：①择业目标居高不下，盲目攀比，与社会需求形成很大反差；②"鱼和熊掌"两者想兼得；③择业目标不稳定，这山望着那山高，并多向性地进行求职应聘。

上述毕业生择业中的矛盾，一方面对自己的就业不利，使其择业时或左顾右盼，摇摆不定，错失良机；或择业目标脱离实际而使自己要么低就，要么高攀，难以顺利择业。另一方面对用人单位也不利，毕业生择业时的反反复复，随意违约，延误了用人单位对人才的选择。同时，对学校的声誉也造成不良影响。

第三章　高校大学生就业指导的流程

第一节　大学生就业的准备与调整

随着改革的深化和市场经济的快速发展，社会为大学生提供了广阔的就业天地，因此大学生应做好充分的就业准备工作，以适应社会的发展和现代化建设的需要。如何做好就业的准备工作是每个大学生必须认真思考的问题。

社会中各种各样的职业都要有人去从事。然而任何一个人并非天生就能从事某种职业或承担某种职务，每个人都需要或长或短的就业准备期。所谓就业准备，有广义和狭义之分。广义的就业准备既包括从未就业者为了能从事某种职业或获得某种职位，在一个相当长的时期内所做的就业准备工作，又包括已就业者为了进一步做好本职工作，或改换职业所进行的准备工作。狭义的就业准备是指未就业者为了能从事某种职业，或获得某种职位，在一定阶段内所做的准备工作。

大学生的就业准备属于狭义的就业准备，主要指大学生进入毕业学年，为就业而做的各种准备，它是大学生就业的基础和前提，因而非常重要。一方面，就业准备是大学生求职择业的基础。大学生只有进行了必要的就业准备，才有可能产生相应的求职择业行为；做好了充分的就业准备还有助于大学生选择一个理想的、合适的职业，实现就业目标。另一方面，就业准备是社会发展的客观需要。随着社会经济的繁荣、科技的进步，社会职业对从业者的身体素质、心理素质、思想素质、科学文化素质等提出了新的要求。这就决定了大学生只有做好充分的就业准备，才能适应社会发展对人才的需要，更好地为社会做贡献。

人在就业准备期需要准备的内容很多，但对大学生来说，主要包括知识准备、能力准备和心理准备。

一、知识准备

一切职业都要求从业者具有相应的知识、能力和技能。知识可分为专业知识和一般常识。前者指从事某种专门职业或进行某种特殊活动所必备的知识，后者指人的日常生活或一般活动所需要的普通常识。

知识是大学生就业的基础条件。用人单位招收毕业生的根本目的也是获得知识和资源。因此，许多用人单位，尤其是跨国公司、三资企业都比较重视对应聘者综合能力及所学专业知识的考察。其中，考察的专业知识往往是最基本的，甚至都是一些常识性知识，但是许多学生的考察结果却令人十分担忧。理光（深圳）工业有限公司曾进行过一次测试，参加测试的近 400 人，其中还有不少研究生，但及格的却只有 7 个人，而试题都是一些应试者学过的最基本的知识点。很多人都后悔没有及时复习以前学过的知识。然而，残酷的事实是没有及格的学生失去了进一步面试的机会，也就无缘加入该公司。那么，毕业生该如何做好知识的准备呢？

从长远来看，大学生必须积累系统精深的专业知识，形成全面广博的知识结构，这些都是从日常学习生活中积累而来的。

（一）系统精深的专业知识

随着时代的发展，良好的高等教育背景在择业和创业中的重要性日益显现。统计资料显示，在所有大企业家中，接受高等教育比例占绝大部分，而且随着时间的推移，教育程度较低者的比例将逐步下降。专业知识是大学生整个知识结构的核心部分，是每一类人才知识结构的特色所在。原新浪网总裁王志东曾说过："大学生创业的前提是要打好基础，不管学什么专业，都要吃透专业的精髓，同时全面提高综合素质。"面对社会对各类人才的专业知识的考察，大学生必须从以下几个方面做好充分的准备。

第一，从所学专业体系的学科内容上，要对专业知识的概念体系、理论体系、学科历史、研究方法、学科前沿知识以及相邻专业领域知识、本专业国内外的最新动态 7 个方面的内容有比较清楚的了解和认识。

第二，从所学专业体系的结构内容上，应建立合理的专业知识结构。所谓合理的专业知识结构，是指从事某类具体的职业岗位所需专业知识体系的构成情况与结合方式，即专业知识体系的具体组合。由此可直接将专业知识转化为相应职业岗位的工作能力，这种能力就胜任本类岗位而言有着较久的持续性，从而表现出创业者适应某类工作岗位所具备的基础和潜力。如一部收音机，它所需要的零部件数远不及一座电子元件库的配件数量，但它具有接收播放功能，而电子元件库却没有。这是因为收音机是按照人的需要和科学规律组装而成的，已形成一个可完成接收播放功能的系统，而电子元件库只是将电子元件分门别类存放而已，这些元件是单独的、零散的，故其不具有系统的功能。因此，大学生所学的专业知识必须是系统的、合理的组合，才能接受职业岗位的检验，在实际工作中发挥作用。

（二）全面广博的知识结构

大学生除了具备系统精深的专业知识，还必须要有全面、合理的知识结构，注重知识结构的整体性。一个人要成才，仅有单门学科的知识或虽有多门学科知识，但其组成并不协调，结果是不能如愿的。大学生在学好专业知识的同时，还要确立"通才"意识，更好地适应市场经济发展对人才的要求。美国的有关机构曾历时5年对1311位科学家进行跟踪调查，结果发现，绝大多数是以通才取胜，仅有个别是只精通一门的专才。在诺贝尔奖获得者中，多数是进行综合性研究的通才。

作为当代大学生，应充分认识广博的知识结构对自己今后的就业以及成就事业的重要意义，变被动学习为主动学习，力争在校期间能学到更多的知识，并不断完善自己的知识结构，为今后的工作奠定扎实的基础。除了在哲学、政治、经济、军事和艺术等方面具备必要的知识，尤其应注意掌握以下三个方面的知识。

1. 法律知识

市场经济是法制经济，在市场竞争中，健全的法律法规是必须遵守的规则，尤其是在知识、经济全球化的背景下，这种规则更加复杂、严格。强化法制意识，做到依法办事，这是每个公民需要具备的基本素质。因此，大学生更应注重法律知识的学习，培养法律观念，掌握基本的法律知识，自觉遵守法律，同时学会运用法律武器维护自己的正当权益。

2. 管理知识

在人类漫长的历史长河中，所有重大的事件、卓越的发明、宏伟的工程都必须经过精心的策划和有效的管理。在现代社会中，不管人们从事何种职业，事实上人人都在参与管理，管理国家、管理政府、管理某种组织、管理某个部门、管理某项业务、管理家庭、管理子女以及管理自己的行为、时间、精力、财富、事业。管理无处不在，无处不有。它既是成功的要素，也是失败的根源。一个人只有懂得管理，才能更好地服从管理；只有学会管理，才能在实践中有效地运用管理。特别是对那些有志于成大器者，丰富的管理知识显得尤为必要。

3. 商业知识

商业知识有助于培养人们的洞察力和决断力，具备一定商业知识，可以帮助人们面对纷繁复杂的商业信息，进行清醒的加工、提炼，准确地把握商机，赢得发展的机遇。市场经济中，商品交换是经济生活中一种极为常见的现象。但对于大学生来讲，不能把经济生活仅仅看作商品交换，而应从理性的高度认识经济生活，尤其是那些有志于自主创业的大学生，积累一定的商业知识非常必要。只有懂管理、会经营，具备把握市场的能力，及时调整商业经营战略，才能把技术思想和经营理念有效结合，生产出符合社会发展的、人们喜欢的适时产品，并取得创业的成功。

因此，大学生必须有效地利用在大学里的宝贵时间，广猎群书，以开拓自己的思维、丰富自己的思想、积累更多的知识。多读书包括多读专业课方面的课外读物，可以帮助大学生加深对专业知识的理解和领悟，并有所创新和突破；还包括社会科学和自然科学各领域的书籍，如科技、文学、自然、哲学、法律、管理等各个门类，当然这方面的书籍可以根据兴趣和爱好来选择，不必把它当作任务或负担。但是要记住尽可能地多读书，因为倘若不在这一阶段储备足够的知识，那么大学生对未来的人生期望将难以如愿。大学生利用好眼前的时光，把读书当作一种习惯，尽情地享受读书的乐趣，现在多用功一小时，就可以早一小时到达目的地，早日获得成功。

通过对一些用人单位招聘时所涉及问题的分析，提供以下几点建议供大家参考。

（1）复习所学专业课的基本知识点。这些都是学习过程中老师反复强调要掌握的，而且当时也已经掌握了，只是时间久了记忆变得模糊了。只要稍微看一下就可以记起，但在面试过程中却会起到预想不到的效果。

（2）分析和总结各门专业课之间的联系。这往往对回答一些专业方面的综合性问题有所帮助。对一些题目，主考官不一定非要你做出完全正确的回答，他们往往更看重你的思维方式和解决问题的方法。如果事先对专业知识的结构有一定的了解，那么就能够以清晰的思路来回答这类问题，也就更容易打动考官，增加成功的可能性。

（3）了解专业领域的最新动态和技术。现在的企业，尤其是外资企业，其生产线代表当今社会比较先进的水平，我们在课本上所学的知识很难做到与生产实际完全衔接。而企业在面试过程中往往会或多或少地涉及一些专业前沿知识，应聘者如果能很好地回答此类问题会更容易得到考官的欣赏。做好此项准备工作可能要花费很多的精力，需要翻阅很多相关报刊书籍，但只要在课堂上认真听讲，平时注意信息的积累，就可以做到事半功倍。

二、能力准备

知识与能力并重已经成为社会的共识。只有文凭而无实践能力的人，社会对他的认可度非常低。大学生在学习知识的时候，应该想到如何运用这些知识，提高自己的实践能力。大学学习期间，要坚持理论与实践的结合，除了重视"第一课堂"的学习，还要积极参加"第二课堂"的实践活动，只有这样，构建的知识结构才是扎实的、平衡的。

通过前面的介绍，我们知道需从哪些方面进行就业知识的准备，那就业的能力又从何处着手呢？答案是应该从用人单位对录用毕业生的基本标准入手，总结用人单位的标准。劳动人事局通过对劳动者素质的调查得出的结论是：创新、复合、外向型人才是新时期的宠儿。一般认为，大学生就业前应当具备的基本能力应包括以下几个。

（一）掌握现代信息知识的能力

信息能力的培养要做到以下几点：一是个体在心理结构上建立一个开放的、全方位的信息接收机制，对过去、现在、未来的信息，纵向与横向信息都加以接纳和捕捉；二是个体从新需求的角度对原有的信息、知识进行叠加、重组，或进一步系统化；三是通过传译和交流保持信息的新陈代谢，信息不能一成不变；四是熟练运用和掌握计算机技术。我国的政治、经济、文化等方面的发展和人的发展都离不开信息化，整个社会更加信息化将是必然之势。但我国目前的信息基础薄弱，这就给我国的信息化道路带来挑战和机遇。挑战是不言而喻的，机遇则在于可以避免少走弯路而"后来居上"。信息化时代，只有那些掌握了丰富的信息知识，在信息观念的支配下、在信息道德允许的范围内自由发挥信息素质（能力）的人，才有可能成为未来社会的栋梁之材。

（二）学习能力

我们处在一个信息化的学习社会中，现代教育学理论认为，信息时代下学习的特点为：学习是个体建构的过程，个体在社会文化背景下，在与他人的互动中，主动建构自己的认识与知识。社会学大师马克思·韦伯所说的"人类是生活在自己编织的意义网中的动物"是对这一理论最好的解释。所以，信息社会的学习是一个充分发挥个人主动性和弥补个人思维缺陷的过程。人人都拥有难以预测的多种潜能，人的求知方法也拥有多种多样的风格，表现为不同的广度和深度，我们必须运用多种求知的方法，并尽可能地借助他人的力量。同时，现代信息技术为信息化的学习型社会的形成创造了条件，我们要变单一的、被动的学习方式为自主探索和合作型的学习方式；要培养密切关注社会、关注人生、关注科学的人生态度；要增强心理上对正在变化的环境的适应能力。我们在认识事物的时候，要注重前后对比分析，同时要注意克服学习中的机械主义、绝对科学主义和功利主义倾向。

科技发展越来越快，知识经济一方面使知识价值倍增，另一方面也使知识贬值加快。企业的生存与发展在相当大的程度上取决于能否对知识进行快速更新。这就需要企业和人才有很强的学习意识，随时接受新的信息，适应科技更新、市场变化，决不能因循守旧，要适时而变。这样的人才会给企业带来持久的生命力和旺盛的活力，从而在激烈的竞争中取胜。

（三）创新能力

创新是指思想的产生、演化、交流并应用于产品或服务中，以促使企业获得成功，其核心是科学技术的创新。创新是知识经济发展的基础。广义来说，创新还是一种对新思想、变化、风险乃至失败都保持积极态度的行为方式。正是由于创新，美国企业才能多年来在高科技领域保持领先。具有创新意识、思维开阔的人才将在企业的知识创新机制中大展才能，为企业带来难以预料的生机和活力，因此更受青睐。创新能力是在多种能力发展的基础上，利用已知信息，创造新颖独特、具有社会价值的新理论、新思维、新产品的能力。它是一种综合性、高层次的思维能力和行动能力。经济的发展、科技的进步离不开发明创造。对个人来说，成功、成才依赖于发明创造。用人单位更需要具有发明创造能力的人才。创新能力包含多方面的内容，如强烈的好奇心、细微的观察力、大胆设想、勇于探索的精神以及提出问题、研究问题、解决问题的能力等。大学生要自觉培养创新能力，为走上工作岗位后开展创造性工作打下扎实的基础。创新在 21 世纪知识经济时代中具有举足轻重的地位，它不仅是知识经济时代经济发展、财富增长的源泉，也是知识经济社会全面发展、文明进步的重要推进器。创新不仅具有重要的经济价值和功能，而且对社会发展与进步具有重大的意义。这就决定了 21 世纪的求职者必须是具有创新精神和创新能力的高素质人才。

尽管创新是一种经济行为，但是创新并非一定会产生经济收益，因此如果青年人没有敢于牺牲个人利益、敢于放弃舒适安逸生活的人生价值观，就不可能创新成功。敢于创新、善于创新、自觉提高创新能力并规范创新行为不仅是一种高度社会责任感的体现，也是一种崇高的献身精神，也就是把自己所有的聪明才智、无限的创造潜能奉献于社会的全面发展，奉献于民族的振兴，奉献于人类的文明进步。

（四）团队协作能力

沟通协调能力与团队协作能力越来越为用人单位看重，大学毕业生在求职的过程中应该做到有的放矢，针对用人单位的需求，展现自己在这些方面的特长。从调查反馈的信息来看，平时在学校参加社团、组织策划过某些项目的大学生更受用人单位的青睐。进入单位后，一个与领导、同事配合工作，善于与人沟通协调的大学毕业生比较容易获得更多的机会。团队合作是非常重要的，北京拜耳光塑板材公司人力资源部经理吴白莉举了一个招聘过程中的事例就说明了这一点。她说，"有一年，我们公司的上海办事处要招聘一名销售助理（相当于秘书），在前来竞聘的 200 多人中，挑来挑去，好中选优，最后剩下了 5 个女孩参加面试。5 个女孩在面试开始前，相互致意表示准备友善地公平竞争，这个场面让我很感动，因为我们都知道，每个人只有 20% 的希望。为了缓解紧张的气氛，我说，你们想喝点什么，请随便来。有 3 个女孩说要咖啡。当一位销售代表拿来了第一杯咖啡时，有一个女孩说：哎呀！这个放糖放奶，我喝咖啡不加糖不加奶。第二个女孩说：我喝加奶但是不加糖的咖啡。第三个女孩说：那给我吧，我无所谓，怎么样都行。这时候正式的面试还没有开始，但是我们已经在面试评价表上划去了前两个女孩的名字了。在我们这样的公司里，团队合作是非常重要的。秘书实际上是一个很基层的位置。这个职位决定了必须有很强的忍耐能力和协调能力。这几个女孩的专业能力都不错，她们不仅计算机技能、英文很好，而且熟知国家相关政策，她们的知识面是令人满意的。但是，拒绝第一杯咖啡的那两个女孩，让我们无法相信对这样的小事都这么挑剔的她们又怎么能够与办事处的其他员工和谐相处、共同工作呢。"

（五）表达能力

表达能力是指运用语言阐明自己的观点、意见，或抒发思想的能力。它包括口头表达能力、文字表达能力、数字表达能力、图示表达能力等形式。对大学毕业生来说，表达能力的重要性是不言而喻的，不仅在参加工作走向社会后，会强烈地意识到这一点，在求职择业的时候也会有深切的感受。如求职自荐信的撰写、个人材料的准备、回答招聘人员的问题、接受用人单位的面试等，任何一个环节都需要较强的表达能力。而培养表达能力，关键在于提高表达的准确性、鲜明性和生动性。准确是对人们表达能力最基本、最首要的要求。同时，表达又需要有人来接受。只有鲜明、生动的表达，才能更好地排除人们接受信息时的各种障碍。因此，大学生在培养表达能力时要尽可能准确、鲜明、生动。

（六）适应能力

适应社会和改造社会是对立统一的两个方面。五彩缤纷的现实生活使刚刚步入社会的大学毕业生眼花缭乱，很不适应。人类文明总是在继承与创新的矛盾运动中发展起来的。适应社会正是为了担当社会赋予我们的职责和使命。适者生存，生存就是为了发展。大学毕业生只有注意培养自己适应社会的能力，走向社会才能尽可能缩短自己的适应期，充分发挥自己的聪明才智。一个人适应社会的能力是其各种素质、能力的综合反映，适应社会能力的强弱与其思想品德、知识技能、活动能力、创新能力、处理人际关系的能力以及健康等密切相关。当然，对社会、环境的适应是主动、积极的适应，不是消极的等待和对困难的屈服，更不是对落后、消极现象的认同，甚至同流合污。适应要同发展结合起来，要同改造联系起来。

（七）动手能力

动手能力其实也就是实际操作的能力，它是人的智力转化为物资力量的手段，是专业工作者必须具备的一种实践能力。在现实生活中，尤其是在教学、科研等方面的生产第一线，大学毕业生实际操作能力的强弱将直接影响到其作用的发挥。例如，作为一名科技人员，只懂得技术原理却不具备操作能力，在很多情况下是不能完成技术任务的；作为一名教师，只有丰富的知识也是不够的，还要有把自己的知识传授给学生的能力；等等。所以，大学生必须重视动手能力的培养，注意避免只注重理论学习、轻实践操作的倾向。

（八）交际能力

交际能力是人际交往的能力，实际上就是与他人相处的能力。社会上的人际关系远不如学校中的同学、师生关系那么简单。大学毕业生步入社会后，要与各种各样的人发生着这样和那样的关系。能否正确、有效地处理、协调好职业生活中人与人的各种关系，不仅影响一个人对环境的适应情况，而且影响他的工作效能、心理健康和事业的成败。大学毕业生在刚走上工作岗位时，由于初谙世事，阅历较浅，缺少经验，往往感叹"工作好搞，关系难处"。因此，大学生自觉地培养良好的人际交往能力非常重要。

（九）管理能力

尽管不是每个大学生毕业后都会从事管理工作，但每个人在将来的工作中都需要具备一定的组织管理才能。组织管理能力不仅是领导干部、管理人员应当具备的，其他专业人员也应具备。随着时代的发展，纯"书生型"的人才将无法适应社会的需要。不论哪个专业的毕业生，都既要有精深的专业知识，又要有一定的组织管理能力，这不仅是顺利就业的需要，也是时代的客观需要。

（十）决策能力

决策能力就是对未来行为目标的判断和选择能力。良好的决策能力是保证通过科学手段实现目标的重要保障。人的一生往往会碰到各种需要当机立断、痛下决心的事情。对于即将毕业的大学生来说，走向社会是人生的一大转折。面临求职的何去何从，别人各种各样的意见和忠告，最终还是要靠自己拿主意。显然，这是对自己决策能力的一次考验。在未来的工作中，各种问题都需要自己迅速做出反应，及时予以处理。因此，训练和培养自己的决策能力十分重要，培养决策能力要从日常的小事做起，不要事事依赖别人，要养成多谋善断的习惯。只有这样日积月累，以后遇到重大事情时，才不至于无所适从。

（十一）综合运用知识的能力

随着对外经济技术交流与合作的加强，国际商务谈判和交往日趋频繁。这就需要大批的复合型人才。首先需具备外语能力，保证在语言沟通方面无障碍，能够与国外经济组织或机构进行交流。需要掌握一门甚至几门外语。其次，通晓国际经济事务运行的一般规则，并在处理国际事务中积累丰富的经验。在参与国际商务谈判和交往中，熟知国际惯例和国际的文化背景，理解不同国家之间的差异，促进交流。对于合同文本的基本格式、言语规范等都要符合国际规范。专业能力因专业的不同而有不同的内容和要求。但无论是什么专业的大学生，在就业准备期应该做到：学好专业知识，参加有关的科技活动和科研活动，结合所学专业参加社会实践活动，认真进行专业实习，认真做好毕业设计和论文等。

三、心理准备

（一）大学生择业中的心理障碍

当前，受多种因素的影响，在大学生就业中存在某些不健康心理，特别是当就业的现实与理想存在一定差距时就会感到自卑或恐惧。择业是大学生人生中一次重大选择和转折，因此择业给大学生带来很大的心理压力，使他们背上沉重的精神负担，成为困扰莘莘学子的一大难题，也使部分学生产生各种各样的心理障碍，这既不利于就业，也不利于大学生的工作和学习。心理障碍是由心理压力与心理承受力的相互作用使人失去应有的心理平衡的结果。

其他心理障碍主要包括问题行为和躯体化症状。问题行为是违背社会行为规范的不良行为。毕业前，一些大学生因某些个人需求没得到满足或受到强度较大的挫折，加之平日缺乏应有的品德与个性修养，可能发生各种各样的问题行为。常见的有逃课、损坏东西、对抗、报复、迁怒于人、拒绝交往、进行不良交往、过度消费、嗜烟、嗜酒等。躯体化症状是由于心理压力和生活方式而导致的异常的生理反应。毕业前的大学生，由于心理应激水平高、心理冲突强度大、挫折体验多，加之一部分大学生性格上本来并不健全，因此容易导致某些躯体化症状，如头痛、头昏、血压不正常、消化紊乱、背痛、肌肉酸痛、口干、心慌、尿频、饮食障碍或睡眠障碍等。这些症状若不及时排除，则会危及学生的身心健康。

（二）大学生择业中心理障碍的调整

大学生在就业准备的过程中，要注意调整自己的心理障碍，保持健康的心理。那么怎样才能使自己有一个健康的心理呢？首先要进行自我调节，充分相信自己，看到自己的优势、前景，减轻心理负荷，保持良好的精神状态。其次做好充分的心理准备。树立正确的择业观；看问题不要极端化；处理好自我价值实现与社会的关系。具体而言，应当做到以下几点。

1. 努力转变求职择业观念

大学毕业生应该主动适应社会主义市场经济的要求，努力克服自身的心理障碍，进一步解放思想，转变观念，勇敢地面对社会的选择。

（1）改变国家统包统分的观念。长期以来，我国大学生分配都是国家统包统分。如今，大学生就业由计划走向市场。就业制度的变化需要大学生主动适应，放开眼界，转变观念。大学生要善于推销自己，勇于参与社会就业的竞争，不断提高自身素质，打好牢固的知识基础，全面发展，力争在社会上凭实力谋取一席之地。要丢掉依赖思想，树立自主择业和多渠道就业的观念，到祖国最需要的地方奉献自己的青春、发挥自己的聪明才智。

（2）改变一次就业的观念。一次就业定终身的事不仅在社会主义市场经济条件下难以做到，在计划经济体制下也不可能完全做到。随着社会对人才要求的更新和提高，人才资源总是在不断地交换和流动中得到优化配置、有效利用。科学技术的突飞猛进和知识的快速更替、用人制度的改革和人才市场的建立必将使失业和就业成为今后大学毕业生经常遇到的事情。因此，每个大学生都要有多次就业的思想准备。

大学生不要因为第一次择业不够理想就丧失信心，要抱定豁达乐观的择业态度，坚信"天生我材必有用""西方不亮东方亮"，逐步树立多次择业的观念。通过反复比较，经过自身的不断努力，在实践中寻找适合自己的工作岗位，改变一步到位的观念。大学毕业生择业一般很难一下子就能找到理想的工作，因此须在就业问题上树立逐步到位的观念，勤奋务实，努力上进，专心致志，勇于创新，正确处理人际关系，正确对待事业挫折，在曲折的工作经历和多次工作更替中，实现自己的人生抱负。

2. 转换角色

所谓转换角色，是指个体的人在社会关系中的动态描述。人的职业生涯不断变化，人的主要角色也随之变化，从一个角色进入另一个角色。对于绝大多数学生来说，大学阶段的生活是一种单纯而有保障的生活，学习、生活、交际、娱乐都较有规律，在这样的环境里，容易萌发浪漫的情调和美好的理想，但这样的生活与现实社会自然存在一定的差异。几年大学生活即将结束，在离别母校，踏上社会之前，最重要的就业心理准备就是要转变角色。要想正确地选择职业，就必须转变角色，不能把学校、家庭、亲友及同学给予的关心、呵护、尊重当成社会的最终认可。要摆正自己的位置，客观、冷静地进入求职状态，认识社会，了解社会，以自身的实力，积极主动地适应社会的需要，在选择职业的同时，也接受社会的选择，正确地迈出人生这关键的一步。即将走出"象牙塔"，走上工作岗位的大学生，要实现由一名学生到一名"单位人"或"企业人"的转变，就必须调整心态，树立积极正确的观念，尽快适应社会，有所作为。

大学毕业生要成功做到转换角色，首先，要客观全面评价自己。大学毕业生大都胸怀壮志，在走出校门之前，会有创造一番业绩的宏大抱负，但他们对社会生活的估计往往过于简单或片面，他们的理想目标不是基于客观条件之上。一旦遭遇挫折，很容易产生不安或不满的情绪，失去竞争的勇气。其实，社会是一个万花筒，其中既有好的、有利于人发展的一面，又有不好的、不利于人发展的一面。作为大学生，只有正视现实，接纳现实，正确地了解、认识自己，恰当地评价自己，将主观愿望与客观实际结合起来，才能站稳脚跟，创造佳绩。

其次，主动调整生活节奏。结束了宿舍—教室—图书馆三点一线的学校生活，进入一个生活节奏全然不同的新环境，只有主动调整自己的生活节奏，才能尽快适应新环境。还要学会支配、安排自己业余时间的学习和文化生活，不善于支配自己业余生活的人是很难适应新环境的。

再次，了解环境，进入角色。社会好比一个大舞台，每个人都有自己的角色定位。毕业生应该认清自己在工作环境中所承担的工作角色以及这个角色的性质、职责范围，弄清楚工作关系中上级赋予自己的职权和自己应承担的义务。只有这样，才能尽心尽力地扮演好自己的角色。如果角色意识淡漠，一意孤行，我行我素，该请示的擅作主张，该自己处理的事务又不敢做主或推给上司、同事，势必会与新环境格格不入。

3. 确定合理的就业目标和就业标准

一个人的就业目标应和本人具备的实力相当或接近，所谓合理的就业目标，是指选择的职业既符合个人的特点，也符合社会的需要，能充分运用自己所学的知识，发挥个人优势，多为社会做贡献的就业目标。如今大学生合理的就业目标主要包括两个方面，一是就业的主要目标。对于一个特定专业的大学生，在目前的就业形势下，最大的可能是从事与所学专业相关的职业。因此，大学生应把能充分运用自己所学专业知识的职业作为自己就业的主要目标，这既符合学校教育、培养的目的，又能充分运用自己的专业知识，发挥专业特长。二是就业的次要目标。这是由社会职业结构的不断变化，相应地对人才的需求随之变化所决定的。这就要求大学生在学好专业知识的同时，根据自己的兴趣、爱好，利用课余时间，通过自学等途径，学习有关知识，培养能力，确定与自己的兴趣、爱好相一致的就业目标。要确定合理的就业目标，就要求大学生合理调整就业期望值，优化自己就业的心理坐标。

（1）避免理想主义，及时调整就业期望值。近几年，毕业生择业期望值居高不下，已经影响到毕业生顺利就业。有些毕业生由于刻意追求最满意的结果，而错过了其他好机会，有的甚至造成就业困难。尤其是有些条件好的毕业生，在择业过程中，脚踩几只船，这山望着那山高，不能及时调整就业期望值，以致后来就业困难，后悔莫及。

（2）避免从众心理，一切从自身的特点、能力和社会需要出发，不与同学攀比。毕业生处在择业洪流中，期望水平会受到其他择业者期望水平的影响。虚荣心、侥幸心理会使他们改变原有的自我期望而采取不切实际的从众行为。这样做只能得到一时的心理平衡，不利于自身价值的实现和长远发展。

4. 敢于竞争，善于竞争

毕业生应当克服自卑胆怯的心理，树立自信心和敢于竞争的勇气。有些毕业生在择业过程中缺乏自信，低估自己，总是自惭形秽，自己看不起自己。就业中往往缺乏自信心，缺乏勇气，不敢竞争。有的则把希望寄托在拉关系、走后门上，更有甚者让家长出面与用人单位洽谈。殊不知，这样做的结果只会让毕业生给用人单位留下缺乏开拓能力、不能独立生活和工作能力差的印象。当今社会，挑战与机遇并存，只有在择业之初就树立自信心，敢于竞争，才能在众多的求职者中脱颖而出。

（1）敢于竞争。当今时代，竞争机制已经渗入社会的各个领域和人生的整个过程。深化改革的今天对大学生强化竞争意识提出了迫切要求，也提供了客观环境。迎接新的挑战、强化竞争意识是大学生在择业前最基本的心理准备。

大学生强化就业的竞争意识，一是要在正确自我评价的基础上，充分相信自己的实力，敢于通过竞争达到理想的目标。二是必须在心理上准备同"铁饭碗、大锅饭"的传统告别，必须从社会进步和深化改革的角度加深对竞争机制的认识，强化自身的竞争意识，自觉地正视社会现实，转变观念，做好参与竞争的心理准备。

（2）善于竞争。要想在求职与择业中取得成功，仅仅敢于竞争是远远不够的，还必须善于竞争。善于竞争体现在具备良好的心理素质、实力和良好的竞技状态。

在求职与择业竞争中，应注意期望值是否恰当。期望值过高会使心理压力加大，注意力难以集中，造成焦虑，影响正常水平的发挥。在求职时情绪一定要轻松自如。在面试时，要克服情绪上的焦虑和波动。如果一个人自始至终都以良好的情绪对待学习、工作和生活，那他就有可能在竞争中获胜。要做到善于竞争，还要做到在面试时仪表端庄，举止得体，给人留下良好的第一印象。锻炼口才，交流时口齿伶俐、表述清晰；合理利用有关规则等。

5. 学习运用心理调节的方法进行自我调适

自我心理调适就是自己根据自身发展及环境的需要对自己的心理进行控制调节，从而最大限度地发挥人的潜力，保持心理平衡，消除心理障碍。心理学家通过理论探讨和实践检验，创立了许多行之有效的自我调适方法。大学生在择业就业过程中，可根据自己的心态有选择地加以使用。以下简要介绍几种常见的方法。

（1）自我静思法。冷静与理智是一个人成熟的重要标志之一。自我静思法也叫自我反省法。遇到困难和挫折时要冷静对待，控制心境，切莫冲动和急躁；摆脱干扰，仔细分析遇到挫折是自身原因，还是其他原因，是自己主观不够努力，还是用人单位条件太苛刻。冷静思考有利于稳定情绪，找出原因，有利于有针对性地解决问题。

（2）自我转化法。有些时候，不良情绪是不易控制的。这时，可以采取迂回的办法，把自己的情感和精力转移到其他活动中去。如一门心思学习，参加感兴趣的体育活动，利用假日郊游，接受大自然的熏陶，等等。使自己没有时间沉浸在不良情绪中，以求得心理平衡。

（3）自我适度宣泄法。情绪的宣泄，尤其是不良情绪的宣泄相当重要。从心理角度来讲，过分压抑自己的情绪只会使情绪困扰加重，不利于身心健康，适度的宣泄可以把不快的情绪释放出来，从而使紧张情绪得到放松、缓和。切忌把不良心情埋藏于心底。忧虑隐藏得越久，受到的伤害就越大。情绪宣泄的方法有很多种，如倾诉、哭泣、运动等。但是,情绪的宣泄要有节制,要注意方式方法和时间、场合、身份、气氛,不能影响别人,不能伤害自己,宣泄应是无破坏性的。

(4)自我安慰法。择业中,在遇到挫折时,适当地进行自我安慰可以缓解内心的矛盾冲突,消除焦虑、抑郁、烦恼和失望情绪,有助于保持心理的安宁和稳定。如一次面试失败,用"胜败乃兵家常事""失败乃成功之母"来安慰自己,从而从懊丧、焦虑中解脱出来;在因挫折而陷入情绪困扰时,可用"亡羊补牢,犹未为晚""塞翁失马,焉知非福"来进行自我安慰,以解脱烦恼、自我激励、总结经验、吸取教训。

(5)理性情绪法。理性情绪法也称正确归因法,人有理性与非理性两种信念,这些信念指引下的认知方式会左右人的情绪。人的不良情绪的产生根源来自人的非理性观念。要消除人的不良情绪,就要设法将人的非理性观念转化为理性观念。例如,有的学生择业中受了挫折便消沉苦闷或怨天尤人,其原因在于他原本认为"大学生就业应当是顺利的""我的择业应该很理想""我过去事事顺利,这次也不应例外"等。正是这些观念作怪,才导致或加剧了他的不良情绪。如果将这些想法加以纠正,不良情绪就能得到缓解。大学生在运用理性情绪法时,应首先分析自己有哪些消极情绪,从中分析、综合、抽象、概括出相应的非理性观念,并对其进行挑战、质疑和论辩,同时对比两种观念状态下个人的内心感受,鼓励自己向理性观念转化,从而有助于排除不良情绪。

自我调适的方法还有很多,如自我重塑法、环境调节法、自我暗示法、幽默疗法等。这些都是一些应变的方法,但最主要的还是树立远大的理想,树立正确的人生观、价值观,大学生平时就应注意培养良好的品质,磨炼坚强的意志,多方面体验生活,培养乐观豁达的生活态度。只有这样,才能在择业的重要关头始终保持积极向上的精神状态和健康的心理状态,不至于在困难面前退缩。在维护和促进心理健康过程中,大学生除了增强"自身免疫力",提高自我调适、解决心理障碍的能力,还要积极向社会寻求帮助和参加心理咨询活动,尤其是接受心理咨询人员的帮助。人的心理出现矛盾,特别是出现较大的心理负担和压力之后,内心冲突激烈,自我调节难以奏效,很难转变心理认知,外部力量的帮助就显得非常重要。这时,作为涉世未深的大学生就应该及时主动地寻求外部的帮助,从近几年兴起的心理咨询热潮看,专门针对大学生集体和个体进行的心理咨询不失为一种最佳途径。

第二节 大学生就业信息的收集及使用

人类社会正在进入信息社会。信息一词对于我们来说并不陌生,我们几乎每天都能听到、看到、接触到各种各样的信息。在哲学、自然科学和社会科学等各个领域,信息都是最基本的概念之一。信息作为当今世界推动社会生产力发展的新的动力,正日益受到人们的重视,信息同能源、材料一起被看作人类生产与生活必不可少的三大资源。人们的衣食住行离不开信息,社会交流沟通离不开信息,国家民族的强大更是离不开信息。就大学生就业来讲,不仅是学生与学生间实力的竞争,而且在相当程度上就业的成败与信息的收集及使用情况有关,谁先掌握了信息,谁掌握的信息较多,谁能合理使用信息,谁就能立于不败之地。

对高校毕业生就业来讲,自身实力是基础,国家政策是规范,占有信息是成功就业的载体,这个载体是连接毕业生(供方)与用人单位(需方)的中介。随着社会市场化程度的提高和专业分工的精细,信息在就业中的价值将越来越显现出来。

一、就业信息的基本范畴

所谓就业信息,是指择业者事先不知道,经过加工整理,能被择业者接收并对其选择从事的职业或职位有价值的消息、资料和情报。尽管人们对信息的定义还在进行不懈的探索,但人们对信息本质特性的认识逐渐趋于一致。就业信息基本特性的揭示使我们能够对就业信息概念做出全面的了解。

(一)就业信息的基本特性

就业信息具有以下几个基本特性。

1. 社会性

就业信息的社会性表现在就业信息与人们的社会活动密切相关。就业信息的社会性似乎很抽象,其实非常具体,因为与个人就业相关的信息必然存在于个人所能认知的社会关系中,这就要求我们利用一切可以利用的社会关系获取就业信息,这是就业信息的社会性特征决定的。

2. 时效性

就业信息的效用是有一定期限的,过了期限效用就会减少,甚至丧失。例如,某企业近日欲招聘两名技术员,当日有人去应聘并被录用,那么"某企业需两名技术员"的信息在次日就失去了使用价值。可见,信息具有鲜明的时间效应。信息只能在得到并及时利用的情况下，才会有理想的使用价值。

3. 变动性

就业信息受国家政治、宏观经济形势的影响很大，一些符合国家产业政策的行业将得到大力发展，不在国家产业政策支持范围内的行业发展相对缓慢，与国家产业政策相背离，存在环境、生态危害性的行业将逐步淘汰出局。国家产业政策的支持意味着巨额资金的投入与生产规模的扩大，新厂不断建立，对劳动力的需求也会增加。所以，就业信息总是随国家政策支持的力度而变化。同时，高等教育人才培养是周期性的，一般本科教育的周期为4年，当你入学时选择的是热门专业，就业需求量很大，并不意味着毕业时同样能有当初的就业需求量，反之亦然。例如，前些年金融、会计、财贸人才紧缺，就业需求很大，而这几年人才相对饱和，用人需求量下降，获得职位的机会相对较少。反之，如食品、纺织人才，人才供给量较少，而需求量的增加使就业机会相对增加，就业信息总是随着人才的供需矛盾而波动。

4. 传递性

没有传递就没有信息，更没有信息的效用。这说明，就业信息总处在一定的流动过程中，必须善于在流动过程中获取有关信息。一般来说，学校、学院（系）就业指导机构获得用人信息后，应及时公布给学生，使学生从中获得最新资料。

5. 寄载性

就业信息总是通过一定的载体（媒介）来进行传递，如网络、报纸、电话、传真等，还有用人单位的资料介绍、招聘要求等。

6. 共享性

就业信息可同时为众多的使用者共用。目前，大多数著名的或有一定规模的企业在互联网上或通过电话、传真向全社会及具有某一专业的各高校同时发布就业信息。这就要求就业信息享用者一旦获得了某种信息后必须快速做出决断，向招聘单位表明自己的观点。因为就业信息的共享性意味着你择业的竞争对手并不局限于你周围的同学，还有全国其他高校同一专业的许多学生，在择业中往往捷足者可先得到更多的机会。

7. 效用性

就业信息的效用性就是它的价值性。如果高校毕业生根据就业信息找到了自己合适的工作岗位，既满足了个人生存发展的需要，也使企业招到了合适的人才，取得了社会效益，这是就业信息的正效应。当然，如果就业信息不准确或对就业信息认识不深，也会给个人和社会带来负效应。

8. 可积累性

就业信息具有可积累性，因而它具有收集和整理的价值。就业信息虽然具有时效性，但就业信息积累越多，对就业的形势、特点认识就越清楚。这对大学毕业生在择业理想与现实的冲突中，适时调整自己的期望值，做出明智的就业抉择显得极为重要。

9. 相对价值性

就业信息的价值不是绝对的，从严格意义上讲任何就业信息的价值都是相对的。关键在于需要就业的个体对信息的理解、认识和利用。同样一个信息，对一部分人来讲非常有价值，对另一部分人来讲可能毫无价值。

10. 可伪性

就业信息并不都完全准确，有的是由于过程中的失误，产生"传递伪信息"。也有的是某些公司出于某种目的，故意采用捏造、欺骗、夸大、假冒等手段制造"人为伪信息"，伪信息带来信息污染，具有极大的危害性。例如，有的公司无意招人，仅仅是为了宣传企业，发布招聘信息，给人以误导；有的公司打着招人的幌子，召集学生一个个谈话，实际上是收集技术情报。

（二）就业信息的发展

就业信息是人类社会信息的重要组成部分，随着社会信息的发展而发展，不过直接决定就业信息发展的还是经济形势和人才市场的需求。随着市场经济的不断发展、人才市场的不断扩大，就业形势越来越复杂，就业信息内容也越来越丰富，就业信息的收集、整理与传递也越来越方便。

中华人民共和国成立后我国很长一段时间实行的是"统包统分"的高校毕业生就业分配制度。在这种由国家统一下达就业指标，学校、个人无条件地服从国家安排的情形下，人才的供应与需求关系比较简单，人才市场尚未形成，就业信息的内容仅限于企业的名称和所需人才的数量，传递就业信息的工具多半是文字、语言。随着经济和社会的发展，这种大学生毕业后由国家以指令性计划分配到全民所有制单位当干部的分配制度已失去了存在的价值。随着人事制度、劳动制度改革和人才市场的建立，就业信息内容日益丰富、多样，传递的工具和渠道除了语言和文字，图表、广播、计算机、网络等都成了信息传递工具。从就业信息内容来看，除了一般用人单位的需求信息，与就业市场相关的政治、经济、政策、法规等都可以成为就业信息内容，在这种情形下，离开了就业信息，学生择业几乎是寸步难行。

（三）就业信息的内容

就业信息的内容非常广泛，在此简单归纳为以下几类。

1. 政府就业决策信息

如果大学毕业生能了解、遵循、利用政府的就业政策，那么就能使自己顺利就业，因此必须收集和研究国家和各级地方政府的就业政策与规定。

2. 有关就业的法律法规信息

法律法规既赋予组织和个人进行各项活动的权利，又赋予了组织和个人同一切侵犯自己合法权益做斗争的有效手段。依法办事不仅可以取得合法效益，而且可以捍卫自己的正当权利，减少不必要的损失。由于我国人才市场机制尚不完善，因此出现了不少违纪犯规现象，作为大学毕业生来说必须清楚地了解有关就业法规、法令，学会用法律来保护自己。目前已出台和执行的有《中华人民共和国劳动法》《中华人民共和国反不正当竞争法》《中华人民共和国劳动合同法》等。

3. 有关社会职业方面的信息

现代社会存在许多行业职业的划分，理论界也没有统一的认识，其中具有代表性的观点是：第一，从行业上划分，可分为第一、第二和第三产业。从目前我国产业分布状况来看，第一产业（农、林、渔、畜牧业）人数比重明显偏高；而第三产业（商业、服务业、旅游业、信息业等）人数比重明显偏低，比例失调。第二，从所有制上划分，可分为全民所有制、集体所有制、劳动者个体所有制、私营所有制以及中外合资、合作经营和外资独营的所有制职业类别。第三，从各级各类学校的专业来分，可分为高等学校专业、中等学校专业和职业技术学校专业。第四，从工作特点上划分，可分为实务、社会服务、文教、科研、艺术及创造、计算及数学、自然界、户外、管理等类型职业。第五，按职业横向分类，可分为各类专业技术职业、国家机关、党群组织、企事业单位、商业工作、服务性工作、农林牧渔劳动、工业生产和运输等，以及不便分类的其他劳动。

4. 有关用人单位的信息

高校毕业生选择单位时，往往会出现以下错误：对用人单位情况不甚了解，于是在择业时带有很大的随意性和盲目性，如只挑选大城市而不问用人单位的性质、业务范围；盯着有"关系"的单位，企图靠"关系"得到提拔和重用；还有的只图单位名称好听就盲目拍板；等等。那么如何才能避免一些假象，做到对用人单位有一个客观的评价呢？关键取决于掌握用人单位的信息。

掌握用人单位的信息，不仅指在招聘广告和职业信息中选择出最适合自己的求职机会，还应包括在初步确定了自己想应聘的职业或岗位后，对该招聘单位及应聘岗位工作要求有所了解。对招聘信息多掌握一点，求职的选择机会就多一点；对招聘单位多了解一点，求职成功的希望则会多一点；掌握和了解用人单位的信息量越大，判断准确率越高。

对于用人单位的信息，可以从该单位的介绍资料中获得，也可以到当地的工商管理部门或企业的主管单位那里了解到。当然，如果能认识一些已在该单位就职的人员，从他们那里能获得更多更有价值的信息。亲自到企业进行生产实习与参观考察将会对企业有更多的感性认识，以便做出适合自己的职业抉择。

有关用人单位资料的调查提纲：

（1）企业必须得到工商部门认定；

（2）企业没有濒临倒闭的风险；

（3）企业的规模、占地面积、固定资产总额、职工人数、人均收入等；

（4）主导产品、产品的市场占有率、生产总量与销售总额；

（5）企业领导人的学历与人品；

（6）企业内是否有适合自己兴趣的工作岗位；

（7）晋升的机会；

（8）现企业职工对企业的评价；

（9）企业效益是呈增长趋势，还是下降趋势；

（10）企业的社会知名度；

（11）企业的福利、工资、津贴、住房、医疗保险、养老保险、生活设施等；

（12）工作的劳动强度；

（13）工作环境，包括设备条件、安全保护、污染等。

二、就业信息的获取

收集就业信息是高校毕业生求职择业前的一项重要任务，就业信息越广泛，择业的视野就越宽阔，就业信息质量越高，择业的把握性就越大。而高质量的就业信息存在于广泛的信息之中，因此必须利用各种渠道、手段，广泛、全面地收集与择业有关的各种信息，为就业做好充分的准备。

（一）就业信息收集的原则

1. 准确性、真实性原则

准确性要求信息反映的情况必须真实、可信。就业信息准确与否直接影响到择业人员择业的成功与否。信息不准确会给择业工作带来决策上的失误。例如，某著名食品跨国公司给学校传真来一份招聘信息，需求是招食品科学与工程专业本科生10人，学校这一专业中共有10人应聘，其中有几名同学自认为较为优秀，已无竞争压力，大事已定，只等签约，所以给公司提供个人资料时草率应付。其实该公司同时向国内10所高校发布了招聘信息，结果自认为较为优秀的同学连复试的机会都未获得，第一轮即惨遭淘汰。

2. 适用性、针对性原则

随着人才市场的发展，就业信息铺天盖地，如果在信息收集中不注重适用性，那么就可能在众多的就业信息中把握不住方向，这就要求毕业生在收集就业信息时，必须对自己有一个客观评估，然后根据自己的专业、特长、能力、性格、健康状况等各方面因素收集适用自己的信息，避免浪费不必要的人力、物力与时间，贻误就业时机。例如，某非上海籍生源的同学，毕业前应聘了上海市许多企业，其中有多家企业愿与他签约，他选择了其中一家签约。在报批上海市教委时，因他不符合进沪条件，未获批准。他不得不与签约企业解除了合约，另找工作。但之前他对上海以外各省的就业信息几乎未收集，一时难以找到合适的工作，后悔莫及。

3. 系统性、连续性原则

就业信息的收集要求具有系统性、连续性。因为许多就业信息是零碎的，这就要求大学生善于将各种相关的信息积累起来，然后经过加工提炼形成能客观、系统地反映当前产业政策、人才需求动向的就业信息，从而为自己今后事业发展奠定良好的基础。例如，某同学是应届食品专业的本科毕业生，他放弃了在市区某国有银行工作的机会，而选择了某粮油工业公司工作，许多人不理解，而他自有自己的思考，他认为目前从各种形势来看，金融行业人才趋于饱和，自己又不是科班出身，也许目前收入较高，但不利于长远发展。中国加入 WTO 后，农副产品深加工是国家重点支持的产业，同时利用国外廉价的资源——大豆进行深加工，发展空间巨大，投身于这一事业，必将大有作为。

4. 计划性、条理性原则

作为信息收集者来说，首先必须制订信息收集计划，明确信息收集目的，只有明确了目的，就业信息收集才有方向，才能发挥信息收集的主动性。其次，明确自己所需的就业信息的内容范畴，是有关就业政策、就业动向的，还是用人单位的需求信息，要做到有的放矢，才能事半功倍。

（二）就业信息收集的方法

1. 广泛与重点相结合

当今社会科学技术迅猛发展，边缘学科、交叉学科不断出现，知识的渗透性更加明显。社会行业也由过去的专项性向综合性发展。所以在收集信息时不要仅仅局限于专业对口单位，对非对口单位的需求信息也要注意收集。但是在广泛收集的基础上，要确保重点，全面了解专业对口单位的需求，因为这样的单位对相应人才的需求量较大。

2. 纵向与横向相结合

市场经济的发展要求地域之间加快人、财、物的流动和流通，取长补短，相互促进，形成合理完善的人才机制。所以在收集人才信息时，一方面要收集本省的人才需求信息，另一方面也要注意收集不同省份的人才需求信息。

3.动态与静态相结合

社会各行业对人才的需求具有相对连续性和稳定性，需要我们及时准确地获取当年的需求信息；另外，各行业又是在竞争中求生存，随着经济的发展、市场的调节而变化。因此，必须同时了解、掌握、预测社会各行业在一定时期内对各类人才需求的动态信息，增强就业指导的预见性和主动性。

4.注重用人单位对毕业生招聘条件的信息收集

社会上对人才的需求，既有数量的限制，又有质量的要求。在收集就业信息时，尤其要注意各单位对毕业生的具体要求是什么。总的来看，社会上急需德才兼备的人才。大学生从政治素质、知识、实际工作能力，乃至身体状况，都要适应时代的发展，这需要毕业生不仅要有远大的理想，还要有丰富的专业知识、较强的竞争意识、勇于开拓和脚踏实地的苦干精神。

（三）就业信息收集的渠道

收集就业信息的方法是丰富多样的，社会活动、暑期实践、毕业实习、师兄师姐、就业指导课程、校园招聘会，甚至在紧张的面试时刻，都是收集信息的好机会。收集就业信息，关键要畅通信息渠道，并结合自己所学的专业和特长，有所侧重。目前，毕业生收集信息一般通过以下几个渠道。

1.学校的主管部门

高校的毕业生就业指导部门包括学校就业指导中心和各院、系负责学生工作的有关部门。学校的毕业生就业指导部门专门从事毕业生就业指导工作，与用人单位建立了长期友好的合作关系，在长期的工作交往中与各部委和省市的毕业生就业主管部门及用人单位有着广泛而密切的联系，是用人单位向学校寄送需求情况的信息集中地。学校毕业生就业指导部门是获取用人单位信息的主要渠道，他们提供的信息数量大，针对性、准确性、可靠性较强，是毕业生获取求职信息的主要渠道。

2.各级政府主管部门和就业指导机构

为了适应毕业生就业制度改革的需要，各级政府大都成立了毕业生就业指导机构，这些机构的主要职责就是制订所辖区的毕业生就业政策，交流毕业生和用人单位的供求信息，为毕业生提供各种咨询和服务。他们每年都要通过各种形式为毕业生提供各种可靠的就业信息。

3.毕业生供需见面会和人才招聘会

毕业生供需见面会和人才招聘会是由高校和当地毕业生就业主管部门组织的，供毕业生与用人单位直接见面、洽谈的一种择业活动方式，毕业生将直接面对招聘单位，通过彼此的交流可以获得更为丰富和全面的信息，而且可以当场签订协议，比较简捷有效，可以大大提高毕业生应聘的成功率，用人单位也可以挑选到自己满意的毕业生，因而受到毕业生和用人单位双方的欢迎。人才招聘会主要是社会各级人才市场举办的与大学毕业生有关的招聘会，人才市场在一定时间向用人单位提供场地，让他们进场招聘所需要的毕业生，组织者向用人单位收取摊位费，向毕业生收取门票费。这类招聘会往往以营利为目的，注重广告宣传，规模较大，但参加单位成分较复杂，有时难免鱼目混珠。此外，还有一些实力雄厚的用人单位自己组织的人才招聘会。这类招聘会一般对应聘者要求严格，多重筛选，因此竞争激烈，淘汰率高。不过，它也是毕业生向用人单位展现自己风采、实现自己人生抱负的好机会。

4. 社会关系

社会关系网也是获得信息的一个重要渠道，毕业生在寻找就业信息时不要忘记你周围的亲戚、老师、朋友等，也许他们会给你提供一些信息。每个人都生活在特定的社会关系网中，都不可避免地与人进行接触，双方在相互作用的过程中不断交换着各种信息。由于人与人之间的关系不同，所以彼此之间信息传递的内容、方式、频率等也不一样。一般而言，信息总是在关系较密切的人际圈子里流动、传递。大学生因为长期生活在校园环境中，接触面较窄，人际关系不广，就业信息的来源渠道也就比较有限。所以，毕业生要善于利用各种社会关系，拓宽信息的来源，让更多的人帮助自己收集就业信息。

1）主要的社会关系

（1）家长和亲友。对于尚未步入社会的大学生而言，家长和亲友是他们社会关系网的主要构成。而他们也都非常关心自己家庭亲友的就业问题，且来自社会的各个行业、各个阶层，可以从不同渠道带来各种用人单位的需求信息。家长、亲友一般比较了解毕业生本人的求职意向，提供的信息也就比较直接、有效、可靠。毕业生一旦接受家长、亲友提供的信息，由此进入就业岗位的可能性也比较大。有的大学生把利用亲友关系看作"走后门"，是一种不正之风，这种认识是片面的。因为，家长、亲友提供的只是就业信息，能否将这些就业机会变为就业现实，还是取决于毕业生自己的能力和素质。在激烈的市场竞争中，相信绝大多数用人单位是遵循"唯才录用"的用人准则的，以不正当的"后门"关系"唯亲是用"，最终害的是录用单位和毕业生个人。所以，利用正当途径充分挖掘亲友这层社会关系，获得更多的就业信息和应聘机会，以提高求职成功率，是我们所提倡的。

（2）学校的老师。尤其是专业教师比一般人更了解本专业毕业生适合就业的方向和范围。在与校外用人单位合作开发科研项目或从事兼职教学、培训的活动中，也自然能够了解到这些用人单位的经营状况、工作环境和人力需求等，同时他们一般对本专业的发展状况以及近几年毕业生就业的流向比较清楚。因此，学校教师、导师提供的信息针对性强，更能满足学生对专业发展的要求，乐于被学生所接受。因此，毕业生不仅要从老师那里多获取有关信息，而且可以直接找他们作为自己的推荐人或引荐人，有老师的推荐往往会大幅度增加求职的成功率。

（3）校友。那些已经毕业参加了工作的"师兄""师姐"大都在对口的单位工作，对所在单位、行业情况比较了解。通过他们，毕业生可以探听到一些具体、准确的就业信息。校友提供的就业信息的最大特点是比较接近本校，尤其是本专业的毕业生在人才市场上的供求状况及其在具体行业中的实际工作、发展状况。近几年毕业的校友更有着对职业信息的获取、比较、选择、处理的经验和竞争择业的亲身体会，这比一般纯粹的职业信息更有参考、利用价值。

此外，以前的中学同学、大学同学以及其他求职者也往往能带来很有价值的就业信息。

2）利用社会关系获取就业信息的方法

为了尽可能多地从自己的社会关系处获取有用的就业信息，毕业生可以采取如下做法：首先，找一张白纸，在上面列出自己所认识的人的名单，包括亲戚、老师、校友、同学、邻居、朋友等方方面面的人物，从中挑选出可能为自己现阶段求职提供帮助的人。然后，设法找到这些人的通信地址以及电话、E-mail等各种联系方式，通过打电话、写信、拜访等形式进行联系，说明你的近况和求助的信息，这里也要注意一些方法。

（1）"套近"关系。提一提你们最近在一起的美好回忆，或者提到某个你们都认识、最近都谈过话的人。

（2）对你的求职方向、你考虑的公司，征求对方意见，询问对方你的个人简历写得是否合适。不要特地去问"我到你们那做事好吗"等之类的话，要把自己的情况如实告诉对方。

（3）要重视对方给你提供的信息。如果对方向你提供了一些信息，你应说："真是太好了，真是难得的机会！"即使你已经知道这个信息，因为对方感觉自己的意见受到重视和赞赏，有可能会向你提供更多的信息。

（4）当你得到对方推荐，一定要问清楚你与该被推荐单位联系时，是否可以提到推荐人的名字作为引见。回答大多是肯定的，这样会让对方感觉受到尊重，并会激励对方带来更多的信息。

（5）如果你确实得到帮助，就要道谢。如果得到口头帮助，要书面道谢。感谢信中也可以附一份个人简历（如果以前没有给过的话）。不管你联系的人是否帮助过你，你得到工作以后一定要让他们知道。

5.社会实践

走出校门、融入社会是大学生自我教育的有效形式之一，同时是大学生收集就业信息、推销自我的机会。目前，按照学校的要求几乎每一个在校学生都有利用寒暑假期进行社会实践的任务。大学生应充分利用业余时间在校外兼职，到各单位挂职锻炼，通过为公司宣传、推销产品的机会，了解单位对大学毕业生的需求情况，同时了解其现有的职位、职业竞争机会和其内部管理情况，以便于日后的择业竞争。在社会实践过程中，通过自己的努力赢得用人单位的好感、信任，取得职业信息甚至直接谋得职业的大学生不乏其人。因此，大学生在各种社会实践活动中，在了解社会、提高思想觉悟、培养社会能力的同时，也要做一个收集就业信息的有心人。比如，在社会考察活动中，应有意识地注意一些关于行业发展趋势、人才需求状况、岗位用人的要求等与大学生就业有关的问题；在社会服务活动中，应注意观察、思考，努力去发现自己原来没有想到的、潜在的职业或岗位，一旦有所发现，应及时追踪求索，捷足方能先登；在勤工助学、挂职锻炼等直接在用人单位进行的社会实践中，更应多看、多问，要"淡化"自己的学生身份、"打工"角色，以主人翁的姿态了解和关心该单位的事业发展，了解和关心自身和周围岗位在职人员的工作状况，尤其在与自己的职业意向相合的单位或岗位实践时，要充分展现自己的才华和能力。

6. 毕业实习

毕业实习是大学生踏入社会的前奏曲，是参加工作的预演，所以每个人必须充分重视这一难得的经历。通过实习，一方面使用人单位对你有所认识、了解，另一方面使学生对社会工作有更感性的认识。如果你向单位证明你是一个有价值的职员，在实习过程中体现出你的才华、能力与敬业精神，将为你加盟该公司奠定良好的基础。通过实习阶段你也许会获得通向永久性职业大门的钥匙，所以要充分重视"毕业实习"这一教学环节，充分展示自己的才能。

7. 有关新闻媒体

当前，毕业生就业已成为社会热点问题，受到各新闻媒介的普遍关注。每年在大学生毕业择业之际，广播、电视、报纸、杂志上都会有大量关于大学生就业的信息，包括就业政策、行业现状、职业前景、人才需求等方面的报道和分析。目前，许多用人单位通过新闻媒体发布招聘信息，毕业生应注意定期收集，并查询有关资料。这些信息从不同侧面和角度反映了当年大学生就业的整体情况，受到招聘机构和求职者们共同青睐。

近年来，随着国家和社会对大学毕业生就业工作的重视，有关大学生就业的专业媒体不断增加。比如，由国家教育部主管，全国高校学生信息咨询与就业指导中心、高等教育出版社主办的《中国大学生就业》，各地的《就业指导报》《人才市场报》《劳动信息报》等；电台、电视台也都辟有专门的栏目，作为毕业生收集就业信息的一种可靠途径。新闻媒介不仅传播速度快，而且涉及面广，信息传播也很及时，是毕业生不可忽视的一条重要的就业信息收集渠道。

8. 其他途径

一般来说，电话簿的分类目录包含了一个地区的几乎所有企业的名单，特别是可以从"黄页"电话簿中找到有关企业的名字和地址。通过参加各级各类"博览会""产品展销会"等了解企业情况，收集就业信息，如广交会、中国春季服装发布会、国际食品添加剂展销会、中国高新技术成果展、中国机械产品博览会等。通过某一新产品形态来收集相关专业的企业及其联络方式。利用网络收集毕业生就业信息越来越得到社会各界的重视，也是收集就业信息的最有效途径之一。

（四）利用互联网收集就业信息

网络作为开放式的信息平台，正以日新月异的速度发展，并使人们生活的各领域发生了突飞猛进的变化。而网上求职正以其开放、全面、快捷的特点逐步形成规模。用人单位和毕业生将招聘信息与求职信息上网公开，用人单位和毕业生可以通过网络互相选择、直接交流。网上求职最大的优势在于即使毕业生身在异地也能获得大量招聘信息及就业机会，它跨越时空界限，使人才信息与招聘信息有效衔接，打破了单向选择的传统招聘格局。我国各地纷纷建立人才市场信息网，实现网上就业信息查询，网上招聘。如何能更全面、更快捷地获取求职信息，在严峻的就业形势中抢占先机，如愿以偿，这就需要学会利用网络进行就业信息的搜索。

1. 互联网收集信息易犯的错误

大学毕业生在网上收集信息时，通常容易犯以下几个错误。

（1）漫无边际地四处收集。许多毕业生事先不知道哪些求职网站比较权威，也不清楚知道自己到底要找什么，便漫无边际地在网站上四处收集就业信息。只要看见是与自己专业有点关系的或自己感兴趣的信息就下载下来，不管信息渠道是否可靠，信息是否真实有效，结果把自己搞得毫无头绪，摸不着方向。浪费了时间和精力不说，最令人担忧的是被一些颇具诱惑力的虚假信息所蒙骗。近年来，毕业生由于轻信网上信息，导致钱财被骗、求职落空的事例不少。

（2）把所有的希望都寄托在网络上。网络能为毕业生提供大量的求职信息，其"无所不包，无所不有"的内容令广大毕业生着迷，导致了部分毕业生对网络的过分崇拜和依赖，而忽视了其他更权威、更有效的信息渠道。利用网络求职，本来为了提高获取信息的效率，但一头扎进网上信息的"汪洋大海"出不来，实际上恰恰降低了自己的求职效率。

2. 互联网收集信息的注意事项

（1）选择适合自己情况的、正规的、权威的网站。目前，人才招聘类专业网站不下数百个，但相当一部分的招聘网站是"滥竽充数"，有效信息量少得可怜，所谓的"最新招聘"常常是一个月前的信息。所以，首先要找到那些信息量大、更新速度快的权威性人才招聘网站。现在，教育、人事部门所属的人才机构和高校就业指导机构纷纷建立了了自己的网站，为毕业生提供了大量的就业信息，这些正规网站发布的信息比较可靠，值得毕业生留意。

（2）及时下载重要信息。在求职招聘的高峰期，招聘网站上的内容特别多，岗位、条件罗列一大堆。为防遗漏，又节省时间，最好是把网页上的内容先分门别类地下载之后，及时整理、处理信息，把网上有用的求职信息及其来源网站记录在笔记本上，方便自己查阅。

（3）仔细分辨，谨防受骗。参加网上招聘活动，一定要提高警惕，认真辨析。与其他信息载体比较而言，网络招聘信息的可信度存在很大局限。一是"偷工减料"。一些人才网站，特别是小型网站，招聘信息是从大网站上转载而来的。虽然信息内容是真实的，但这些网站在下载、处理、制作等过程中，充当了"筛子"的作用，或只有用人单位提供的招聘职位中的一部分，或删掉了用人单位的情况介绍，或将招聘单位的地址、电话、E-mail 等漏掉……二是信息滞后。网络信息本来是以速度见长的，但是一些网站只有二手信息，为了充数便不顾信息的时效性，把过时的信息也拿来"更新"。三是毕业生特别要提防的虚假信息。有的是网站被不良之徒利用，有的是网站本身别有所图，故意制造信息"陷阱"，骗人骗财。而这类信息往往又在单位类型、名称、用人条件、待遇等方面特别具有诱惑力。为此，大学毕业生求职时一定要认识到虚拟世界与现实世界的差异，首先要把握就业信息的特征，学会分析辨别信息的可信度和有效度。其次，要对网上信息进行网下求证。一般应先致电招聘单位确认其真实性，再发送求职简历。再次，要树立网上安全意识。把张贴个人简历的范围限制在那些应征职位有密码保护、限制公开私人资料的网站。同时，毕业生应多参加由政府有关部门和学校组织、推荐的正规网上招聘活动。

3.求职网站的种类

（1）专业求职网站。这类网站上可查询到成百上千条招聘信息，一般来说网站可根据求职者对地域、信息发布时间、行业、职位、薪金等的具体要求提供查询服务。同时，这类网站往往以专业的人才服务为背景。求职者可以在线填写简历，这些简历将存入网站的数据库中，需要招聘的公司可以查询到符合要求的求职者信息。

（2）公司自己的网站。目前，许多公司越来越重视建设企业自己的网站主页。大多数公司的网站除了介绍企业文化与产品，还随时发布公司的招聘信息。

（3）门户网站的求职频道。如搜狐求职频道，它最大的优势在于容纳了好几家一流的专业招聘网站的信息，如招聘网、中华英才网、无忧工作网。同时，频道内还提供了很多人才政策、新闻以及就业辅导等信息。

三、就业信息的处理

善于利用各种渠道获取用人单位信息，善于归纳整理，这是求职者的基本功。由于信息的来源和获取的方式不同，内容必然虚实兼有，互有矛盾，在广泛收集信息的基础上，结合自己的实际情况，国家有关的政策、法规对信息进行一番去伪存真、去粗取精，有目的、有针对性地进行排列、整理和分析，这是非常必要的。只有当信息具有准确性、全面性和有效性后，才能更好地为自己的就业决策服务。

（一）就业信息处理的过程

1. 鉴别获取的信息

信息既蕴藏着机会，也可能潜伏着陷阱；有时无比珍贵，有时却是一堆"垃圾"。鉴别获取的信息是信息处理的第一步，也是一个重要的前提。由于所获取的信息不一定都全面、准确，因此要对信息进行严格的鉴别和判断，并加以澄清和剔除，使之更好地为自己的求职择业服务。鉴别信息，首先要确定信息的可靠程度，对于不可靠的信息要通过各种信息渠道和知情人士去打听；其次，要鉴别信息的内容是否齐全，特别是发现自己所想知道的细节没有或者不清楚时，要抓紧时间进行一番实际考察或通过其他渠道了解，还可以在应聘时向招聘者提出。总之，要等信息基本准确之后再做决定，只有这步工作做好了，才能保证随后的工作按照正确的方向进行下去。相反，这步工作判断错误，则会让毕业生的求职过程一开始就处于被动，很可能对自己的心理和行为带来许多负面影响。

2. 按照自我标准，将信息排序，重点把握

在信息加工之前，先给自己草拟一个职业选择提纲，确定择业标准，再按照标准对信息进行分析和处理。因为即使真实的信息，也不是每条都适合毕业生的实际情况，毕业生要对掌握的信息进行比较和选择，分析自己的性格、兴趣、特长与哪个单位更匹配，哪个单位更符合自己的职业生涯规划目标，从中选出重点。对重点单位的内部信息要进行深入细致的分析，分析其需要的人才的特点、对人才使用的方向，以及该单位未来发展的前景等。在掌握这些情况以后，毕业生再根据自己的实际情况和用人单位的要求，有针对性地设计自己的应聘材料，从而提高应聘的成功率。

3. 善于挖掘潜在信息

许多信息的价值往往不是浮在表面上的，必须经过深入挖掘才能发现。比如，根据有些单位的现状，可能还难以判断、预测单位今后的发展情况；有些单位虽然目前条件差一些，但从长远看或许是有前途的，能够给人才较大的发展空间。这就要求毕业生既要站在高处，从长远的、大局的方向看职业、单位的发展趋势，又要留意信息的细枝末节，由表及里地挖掘信息的内涵价值。有时，还需要有一些专业知识和经验。例如，从单位的组织结构探析其管理模式和运作机制，从单位的人事、财务报表分析其人力资源状况和经济状况，从单位历年的招聘岗位和人数的变化了解其经营方向变化，甚至从单位招聘的过程和方式，如笔试的内容、面试的问题等方面都可看出其是否与自己的预期判断一致。

4. 及时反馈信息

在当今变化万千、节奏加快的时代，就业信息由于其传播速度快、共享程度高，毕业生得到的信息仅仅代表着一种可能的机会。因此，毕业生获取信息后，一定要尽快分析处理并向信息发布者反馈信息，早行动未必一定能得到这个岗位，但反应迟钝者肯定就会失去这个岗位。信息有很强的时效性，及时用之是财富，过期不用是垃圾，因为条件较好的职业人都会被吸引，而录用指标是有限的，所以犹豫不决会使你痛失良机。

（二）就业信息处理的技巧

毕业生在了解就业信息的处理原则和处理过程之后，还应掌握一些处理就业信息的技巧，从纷繁复杂的信息中找到适合自己的有效信息，掌握一些信息处理方面的技巧，可以少走弯路，为顺利就业打下良好的基础。

1. 就业信息处理的参考模式

整个求职的过程实际上就是一个不断地分析和处理信息的过程，经过不断处理，收集的信息由多到少，最后往往只能选择一个。选择同时也意味着放弃，何去何从就在一念之间，或考虑现实，或坚持自己的价值取舍，对许多毕业生来说，这是一个艰难的过程。择业是迈向社会的第一步，虽不能说决定终身，但毕竟良好的开端是成功的一半。

2. 就业信息处理的技巧

（1）建立个人就业信息管理库。因为毕业生就业信息多处于随机状态，时断时续，时多时少，收集到的信息也是五花八门、各式各样，毕业生如不进行有效的信息管理，收集到的信息就会如一团乱麻，让人晕头转向，给自己造成许多的麻烦，以致顾此失彼，错过许多机会。一些毕业生不想做信息处理的工作，总认为时间太紧张，就业信息抄下来及时行动就行了，还有一些毕业生则是不会进行信息处理，平时懒散惯了，做事情本来就缺少条理性，在处理就业信息时就更杂乱无章。

整理就业信息要准备一本专用笔记本，根据自己的实际情况与择业理想有针对性地分类整理信息。信息可分类为就业政策信息、单位分布区域、企业品牌知名度等。就业政策信息整理可以分为国家就业政策信息与各地方政府就业政策信息两类。国家就业政策信息较为稳定，对其主要内容要记录下来，如有调整应及时添加。各地方政府就业政策各不相同，每年都有适度的"从宽"或"从紧"的调整，在初步确定求职地域后，应了解一下当地的人事政策，如户口迁移、养老保险、应届大中专毕业生准入条件等相关内容，对比整理，以便于记忆。单位分布区域整理一般可以分为沿海单位与内地单位。可以把沿海地区的单位细分为中心城市、中小城市等。同时，目标单位是分布在市区、郊区、开发区的又可以分类整理。在调查研究的基础上，对企业的知名度、资产规模、产品的市场占有率、发展潜力等进行综合排序，适度归类整理。

因此，建立一个简单的个人就业信息管理库非常有必要。当然，如果毕业生个人计算机能力和数理统计分析能力比较强，可以对若干重要指标设立权重系数。比如，单位地理位置的权重，经济状况、福利待遇、单位发展前景的分别权重，等等，再利用数理统计公式得出一个用人单位的综合评价。这样就能较客观地对一个信息进行量化处理，从而避免在比较条件相似的用人单位时，出现左右摇摆、拿不定主意的情况。

（2）寻求个人就业信息咨询"智囊团"。大学毕业生由于缺乏社会经验，在对就业信息进行分析和处理时难免主观幼稚，有失偏颇。因此，大学毕业生在处理信息时也要"民主决策"，最好是有一个自己的就业信息咨询"智囊团"。当然，这并不是要毕业生去请一些人来担任自己的就业参谋，而是要求毕业生在处理收集到的就业信息，特别是对一些自己没有把握、不能下定判断的信息进行抉择时，要有意识地主动去请教一些能提供帮助的人，如就业指导老师、辅导员、家长、已参加工作的师兄、老乡等。"兼听则明，偏信则暗"，心高气傲、涉世未深的大学生在就业时应多方听取有工作经验的过来人的意见，特别是在辨别信息的真假、鉴别单位的优劣、选择适合自己将来发展的单位等问题上，他们将会提供非常有益的指导。

（3）对虚假信息进行"反侦察"。虚假信息令人深恶痛绝，但又防不胜防。如何有效地识别和预防这些虚假信息呢？

第三节　大学生就业自荐材料的编写

"人要衣装，佛要金装"，自荐材料对一个大学毕业生来说其重要性是不言而喻的。确切地说，只要获得了面试的机会，那么你的自荐材料就算是成功的。

一、自荐材料概述

自荐材料是大学毕业生用来和用人单位取得联系，介绍自己基本情况、全方位展现自己风采的各种说明性和证明性的材料，它的形式可以是书面文字。随着网络技术的发展及招聘的高效快捷，现在很多应聘者将自荐材料制作成电子版与招聘公司通过网络联系。自荐材料在择业过程中，有着举足轻重的作用，笔试、面试、录用都离不开它，其质量的好坏直接影响着就业。自荐材料一般包括履历表、求职信、学校推荐材料、在校学习成绩、获奖证书及外语、计算机等级证书和其他材料。

（一）个人履历

要获得求职成功，首先应认真、正确、完整地写好自己的履历表。一份合格的履历表首先应内容完整、条理清晰，不拖泥带水。尽可能突出个人优势强项，在有限的空间里，传达给招聘单位最需求的人才能力信息，满足其对人才的需求。

1. 个人履历的主要内容

（1）个人基本情况。个人基本情况包括姓名、年龄、性别、出生地（籍贯）、最高学历、政治面貌等。当然，并非所有情况都需要在简历中描述，如没有必要将你的宗教信仰、种族、身高、体重、健康状况等写进简历。如果与工作没有直接关系的话，也无须将政治或职业上的关系写进简历。如果你在简历中写上了爱好或其他一些业余活动，建议删去那些可能被认为有危险性的活动。

（2）教育程度。按照履历表的次序，写清所读学校名称、专业、学习年限及相关证明等，让招聘单位迅速了解个人学历背景，以判断与应聘工作的关联性。

（3）工作或社团经验。大学生一般都没有正式的工作经验，但常利用假期等空闲时间勤工俭学、兼职或积极参加各类性质的社团活动。毕业生在简历中可填写自己在校期间的打工经验、参加社团经验，说明自己担任的职务、组织的活动以及特长等，供招聘单位参考。这些经验可能是短期的，但或多或少反映了个人的一些志趣、合群性、组织能力、协调能力、领导能力、成熟度等特性，所以备受招聘单位的重视。但是，很多学生在个人履历中列举了自己在学校期间所有的校园实践内容，完全不考虑是否与招聘岗位中的职位需求一致，这样反而会画蛇添足，失去工作机会。

（4）个人特长。无论是与你所学专业有关的特长还是单纯从个人兴趣发展出来的特长，只要是与工作有关的才艺，都可以在履历表上列出。这将有助于招聘单位评估应聘者的特长与应聘工作的要求是否相符，是否能给工作的顺利开展带来推动作用。对于个人特长，应清楚地列出，注意实事求是，不要夸大其词，但也不要过于谦虚。

（5）语言能力。在现代经济发展中，招聘单位向国际化迈进已成为不可阻挡的世界性发展趋势。作为一种必不可少的工作手段，外语能力也因此显得日益重要。尤其在某些大规模跨国公司，具备良好外语才能的人员很受欢迎。

（6）求职意向。求职履历上一定要注明求职的职位，以便于招聘单位了解你的志向追求，从而做出正确的选择。每份履历都要根据你所申请的职位来设计，突出你在这方面的优势，不能把自己说成是一个全才，任何职位都适合。要根据工作性质侧重地表现自己，如果你认为一家单位有两个职位都适合你，可以向该单位同时投两份履历。

（7）联系方式与备注。一定要清楚地写明怎样才能找到你，如电话长途区号、电话号码、手机号码、E-mail 地址、邮政编码、传真号码等，便于招聘单位与你取得联系。

2. 个人履历的写作要求

（1）突出重点。写履历通常采用倒叙的方法，从最近的时间写起。仔细描述与申请职位有关的工作经历，凸显重要信息。如果履历的陈述没有工作和职位重点，或是把自己描写成一个适合于所有职位的求职者，你将无法在求职竞争中胜出。在履历中，应重点陈述你性格上的最大优势，然后将这些优势结合你的工作经历和业绩加以叙述，以争取更大的成功机会。从实际情况来看，招聘者对理想的应聘者也有要求，如相应的教育背景、工作经历、技术水平，这些都是应聘者取得新职位的关键所在。

（2）简洁明了。一份好的履历不仅要有主题突出的经历，而且有特色的包装和格式，以吸引用人单位注意力。可以使用各种字体格式，如斜体、加粗、下划线、首字突出、首行缩进等方式，有重点地表达思想。个人履历通常很简短，一般情况下不要超过一页纸，写得越多，并不代表你越优秀。招聘单位会收到很多份材料，工作人员不可能仔细研读每份简历，所以履历用词要简练。履历内容不可能描述你的全部，内容过多反而会让招聘单位忽略你的一些有价值的闪光点。有的学生把中学经历都写了上去，这完全没有必要，除非你中学时代有特殊成就。

（3）真实客观。求职履历一定要按照实际情况填写，任何虚假的内容都不要写。即使有的人通过虚假的履历得到了面试的机会，但面试时也会露出马脚。尤其是那些竞争非常激烈的招聘单位都会有好多轮面试，弄虚作假是过不了一轮轮的面试关的。履历不要做假并不等于把自己的一切，包括弱项都要写进去，不写自己的弱项并不代表说假话。有的学生在求职履历上写道："我刚刚走入社会，没有工作经验，愿意从事贵公司任何基层工作。"这也是过分谦虚的表现，会让招聘单位认为你什么职位都适合，其实也就是什么职位都不适合。

（4）整洁清晰。个人履历的段落与段落、语句与语句之间如果写得太密，会影响美观，不易阅读。要将该空格的地方留出空隙，不要硬把两页纸的内容压缩到一页纸上。外地户口的大学毕业生可以不在简历上注明户口所在地。这并不是要欺骗用人单位，只是没有必要将你的劣势毫无保留地表现出来。

（5）准确无误。如果一份履历数据错误或错字连篇，可以想象会带来什么样的后果。在履历中，不要过多地罗列数据，连篇的数据往往让招聘单位忽略你的存在。另外，履历一定要认真写，履历上有错别字会让招聘单位认为应聘者素质不够高。因此，语言文字表达不规范、语句过长、格式不标准是写履历的大忌。撰写时要打草稿、反复修改、斟酌，在没有任何错误后，再打印出来。如果你的简历写不好，会让用人单位认为一个连自己的求职简历都不用心的人，那工作也不会用心。

（6）求真务实。很多求职者在履历中表现个人能力时，爱用团结同事、能给公司带来如何如何的效益等空话、虚话。因为你在用这些语句的时候，其他求职者也在用这些语句，丝毫显示不出这是你特有的能力。刚毕业的学生在履历中罗列所学课程时，只把主要的功课列出来即可，不要无主次将几十门功课全部写出来。用人单位看重的是你的专业性，而不会关心你的基础课得了多少分。

（二）求职信

求职信是一种自我推荐的信件，它通过表述求职意向和对自身能力的概述，引起对方的重视和兴趣，是求职者向招聘单位提交的一种信函。它不同于履历，因为履历强调一种客观的格式化和程序化的事实陈列，而求职信则可以是个性化和略带感性化的个人陈述。求职信能不能给用人单位留下深刻印象，引起他们的注意甚至重视，在一定程度上决定了毕业生的前途和命运。总的来说，通过求职信谋职的成功率是很低的。国外有人统计，成功率大概不到 5%，就我国目前的情况来看，成功率也不会高于这个数值。但是，有的人却"百发百中"，他们的奥妙就在于做到了使自己的求职信让对方"一见钟情"，甚至由此达到"非她不娶"的效果。

1. 分析招聘单位的择人准则

招聘单位一般喜欢下列类型的求职者：思想政治素质高、有事业心和责任感、具有艰苦奋斗精神、基础扎实，知识面宽、有团队精神、有奉献精神和创新精神。

而如下类型的求职者不受招聘单位的欢迎：成绩"优"而无其他专长的求职者、以自我为中心的求职者、大学时代学无所成的求职者、缺乏魅力的求职者、头脑简单的求职者、不善交际的求职者、身体状况欠佳的求职者、自我主张太强的求职者、志愿动机模棱两可的求职者。

2. 求职信的格式和内容

求职信的格式与一般书信大致相同，即由称呼、引言、正文、结尾、附件、结束语等组成。

开头要写明招聘单位人事主管部门领导，如人力资源部部长"，求职信的称呼往往比一般书信的称呼正规一些，在实际书写时要区别对待。如果明确了用人单位的负责人，可以写出负责人的职务职称，如"尊敬的李教授""尊敬的赵处长""尊敬的刘总经理"等。

引言的作用一是吸引对方的注意力，二是便于自然而然地进入正题而不感到突兀。这部分的内容包括说明写信的原因和目的等。引言的形式有以下几种：①自我描述式开头。用一句话概括你最重要的求职资格和工作能力，并简要说明这些资格和能力能够最好地满足求职岗位的需要。②提名式开头。提及一个推荐你前去且为用人单位所熟知和尊敬的人的名字，但千万不要给人盛气凌人的感觉。③应征式开头。说明你是在什么地方看到了目标单位的招聘广告，并肯定自己能够满足招聘广告中提出的各项要求。例如"据悉贵公司正开始拓展海外业务，招聘新人，且昨日又在××晚报上读到贵公司的招聘广告，故冒昧写信，前来应聘高级会计师一职"。很多用人单位对你通过什么途径了解到他们的招聘信息很感兴趣，这有利于他们掌握今后如何发布企业信息。④有针对性的开头。针对求职单位目前的需要提出你的设想，然后表明你真诚地希望成为他们当中的一员，同舟共济、荣辱与共。⑤赞扬式开头。赞扬目标单位近期取得的显著成就和发生的重要变化，表明你渴望成为中间的一分子。例如，"久闻贵公司声誉卓著，发展迅速，且产品深受欢迎，据悉贵公司正积极开拓新的业务领域，故冒昧写信，热切期望早日加盟贵公司，我的基本情况是……"。⑥个性化的开头。从你的兴趣、爱好和已有的实际工作经验谈起（这些兴趣爱好必须是与今后岗位密切相关的），谈今后如有可能将在该用人单位如何努力工作。自我介绍一定要突出适合做这项工作的特长和个性，不落俗套，千万不能写风马牛不相及的东西，如你本想应聘公关工作，却描述自己"文静秀气、喜欢阅读"等与公关工作无关的内容。⑦独创性开头。如果你有足够的想象力和独创性，并且保证这种独创不至于引起用人单位的误解和反感，那么你完全可以用一个新奇的，能够表现你这些方面的才华的句子来作为开头，打破常规、展现自我。

正文是求职信的主体部分，是求职信的重点。正文部分要简洁而有针对性地概述自己简历的内容，突出自己的特点，要从自己的专业知识、社会经验、专业技术、性格、特长、能力等方面向用人单位表明，他们需求的正是你这样的人，你有能力胜任这个岗位。正文一般要求说明求职信息的来源、应聘岗位、本人基本情况、工作成绩等内容。

以上五个方面的描述要注意以下问题：①任何一个方面的介绍都要始终围绕应聘岗位的需要；②你的知识结构、实践经验是否适应招聘岗位的要求（也就是你为求职岗位做了哪些知识、经验上的准备等）；③你在学业上和工作中取得了哪些重要成就，从而证明你所声称的资格和能力；④以实例证明你学习敏捷、工作勤奋、责任心强、乐观随和的天性；⑤不要光谈自己如何适应工作岗位的要求，应该提及招聘单位的情况，表明已对其有所了解，并愿意为之效劳；⑥要以成熟而务实的语气叙述，切勿夸大其词、自吹自擂；⑦关于薪金待遇的问题，不要在求职信当中涉及具体的数额，这些都可以留到面谈时再具体讨论商议；⑧求职应聘的简短理由，主要是表明自己对求职应聘单位的兴趣与要求。

结尾主要包括结束语、署名、日期、附件等。求职信的结尾应当写好结束语，表达出自己渴望用人单位给予面谈机会或表示面谈的愿望，内容要简明，语气要热情、诚恳，言语要有礼貌。如可以写"希望得到您的回音""盼复"等，或留下本人的联系电话。通常在结束语后面还应写一些简短的表示敬意、祝愿之类的祝词，如"此致""敬礼""祝您身体健康、工作顺利、事业发展""深表谢意"等。

署名部分应注意与求职信开头的"称呼"相一致，应写在结尾祝词的下一行的右后方。日期一般应写在署名右下方，最好用阿拉伯数字写，并写上年月日。

附件是指那些与求职信同时寄出的有效证件等，如个人简历、学历证明、外语等级证书和计算机等级证书以及各类获奖证书的复印件、近期照片等。最好有附件目录，这样既方便招聘单位的审核，也给对方留下一个有条不紊、很负责任、办事周到的好印象。

另外，处理求职信还应注意的事项：①信封、信纸要有所选择，署有外单位名称的信封最好不要使用；②字迹清晰工整，给人留下良好的第一印象。如果字写得不好，可用打印稿；如果能写一手漂亮的好字，最好手写，以展示自己的书法才艺；③篇幅要适中，不宜过长，文字以1000字左右较为合适；④求职信是个人的公关手段，可以写得较有文采，但应实事求是，既不能过高地吹嘘自己，也不能过分自谦；⑤要留下自己的联系方法，如通信地址、联系电话等。

（三）其他材料

除了自荐信和个人履历，为了加深招聘单位对自己的印象，有时要提供进一步的其他材料。

1.学校提供的鉴定材料和成绩单

鉴定意见主要反映在毕业生推荐表中，包括学校的评语、能否毕业推荐、培养类别及就业范围等。从学校的角度出发，评语的作用主要有以下两个：一是对社会和用人单位负责，以及考虑学校自身的影响，它能实事求是地反映毕业生的综合表现；二是考虑到有利于毕业生就业，找到一份较满意的工作，评语中据实表现的描述都会突出学生的个性特点等。这对于用人单位和毕业生本人都具有一定的价值。

成绩单必须有学校教务部门盖章，毕业生可根据用人单位的需要或求职的职位对某些相关课程的要求，提供相关的成绩单。有些省、市对成绩证明有具体的要求，如去上海找工作的毕业生必须提供各个学期的所有学习课程的成绩。另外，如有辅修第二专业的学习成绩证书，需要时不要忘记提供。

2.技能证书

技能证书反映了求职者的某一方面的能力水平，主要有外语等级和计算机等级证书。另外，现在不少学生还有驾驶证、律师资格证等。

3.荣誉证书

荣誉证书分为各类奖学金证书、荣誉称号证书以及参加重大竞赛的获奖证书等。有些人荣誉证书较多，可以挑选一些荣誉等级较高的提供给招聘单位。

4.学校及学科专业介绍

目前，很多高校因合并而更名，不少高校有特色、有影响的专业学科，由于种种原因，招聘单位不一定十分了解，这时很有必要附上自己学校和学科专业介绍等相关资料。

5.权威个人推荐材料

推荐信也是大学生求职过程中一个不可忽视的材料。这里所指的推荐信并不是那种找关系、托人情的"走后门"的"条子"，而是权威人士实事求是、认真负责的推荐。许多大公司、企事业单位是比较重视这种推荐信的，而写推荐信的权威人士也十分珍惜自己的声望，真正的学者、教授，或者某一领域的权威不会滥用别人对自己的信任进行不负责任的推荐。

6.其他招聘单位需要的材料

其他招聘单位有的要身份证，有的要特别政审证明。目前，欲进北京的应届高校毕业生就要单独提供本人为应届毕业生的证明书等。

以上材料的使用要根据各招聘单位的不同情况有针对地性取舍。如果面见招聘者或亲自上门推荐自己，材料可以准备充分一些，凡能反映自己各方面能力的材料尽可能携带齐全，而且最好带原件。若采取寄送自荐材料的方式，则应选择有代表性的其他材料，一般先提供复印件，便于邮寄，以免丢失。

二、自荐材料的个性化设计

（一）自荐材料个性化设计的特点

求职过程其实就是双向选择的过程，双向选择就是一种竞争，在竞争中关键是看你的实力。因此，过分谦虚会给对方留下虚假的印象，认为你能力不行。

从美国总统的竞选我们可以看出现代竞争的含义。在美国第52届总统竞选中，时任总统的布什，因海湾战争声望大振，随后苏联解体，冷战结束，布什以为他连任总统是稳操胜券的。而另一位竞选对手克林顿是一位年轻且没有竞选总统经验的小州州长，布什以为获胜会相当轻松。但是，事情的发展出乎布什的预料。克林顿紧紧抓住选民对美国经济状况不满的心理，高举"变革"的旗帜，提出了一套以增加就业投资为重点的经济方案，赢得了民心。由于克林顿棋高一着，最终取得了大选的胜利。当然这只是政治竞争的一个典型例证。

求职者推销自己与推销商品一样，在自荐材料中，就是要从"名""特""优"上做文章，塑造自己的形象。自荐材料个性化设计的特征表现：人无我有，人有我优，人优我特。

1.人无我有

大学毕业生不要害怕自己成绩不够优秀而会影响求职，现在的招聘单位大多是以能力取人而不是以分数取人的。只要自己有与众不同之处，这就是你的特长，如果你能在自荐材料中将它巧妙地表现出来，同样备受用人单位的青睐。

2. 人有我优

人有我优就是要注意突出重点，即要突出那些能引起招聘单位兴趣，有助于获得工作的内容，主要包括专业知识、工作经验、特长和个性特点等。

在介绍专业知识和学历时，重点是要突出自己的工作经验和能力。工作经验是招聘单位比较注重的部分，尽管大学毕业生资历浅，工作经验还不够，但并不能因为这样而气馁。无论社会实践、勤工俭学、打工兼职，担任班级或院、系、团学生干部，都可算广义的"工作经验"。写清楚你曾担任怎样的职务，强调获得了哪些成果，至关重要。

3. 人优我特

几乎所有的招聘单位都希望录用有良好个性的人，特别是喜欢充满热情和活力的大学生。因此，在自荐材料中要反映出你的热情与活力。可以用具体的事例直接表明自己是一个充满活力的人，如克服困难的意志、助人为乐的品格、努力积累工作经验的经历等。表现个性要适度，点到为止，不要过分渲染，更不能表现出消极被动的工作态度。个性品格描述尤其要强调自己的潜力和热情。

（二）如何编写个性化的自荐材料

1. 准确定位自荐材料

求职中，一份好的自荐材料能发挥很大的作用。

（1）自荐材料是书面的推销员。求职的本质与商业行为无异，一方求售，一方求购。招聘单位是买主，挑精捡肥寻觅好货是它的发展之道，是它的本质；人才是商品，充实了内涵，做好了包装，待价而沽；自荐材料无异于推销员，将人才引荐到招聘单位跟前，使出浑身解数说服招聘单位接纳。

（2）自荐材料是虚拟的求职者。自荐材料以书面形式，充分反映了一个人的学历、经历、专长、爱好及其他。甚至可以根据书写的格式、排列逻辑、语词字汇，解读出撰写者的气质与内涵。自荐材料可以起到未见其人、胜见其人的功效。

（3）自荐材料是明察秋毫的检验官。自荐材料完整且浓缩地记录了个人资料，是求职者成长过程与学习生活的精彩缩影，必须忠实呈现求职者的背景细节、经验技术，以及优势弱点。通过撰写自荐材料，求职者还可以重新经历自己的过去，从中审视求学过程中的收获和遗漏。在求职面试等诸多环节中，默记手中拥有哪些筹码、应该补充哪些能量，"手中有粮，心中不慌"，面对求职，你便能够气定神闲、游刃有余。

2. 精心设计个人主页

为了让招聘单位全面了解你的情况，最好的办法是建立个人网站主页。一个制作精美的网站主页往往能体现求职者具备相当高的计算机综合处理能力，包括文字处理能力、图像处理能力及信息综合处理能力。用人单位根据主页制作情况，便可对其计算机水平做出初步的评判，这比口头回答要真实、准确、直观得多。个人主页对求职者个人来说是如虎添翼，招聘单位可以随时随地访问，十分便捷。可能的话，还可以将专业介绍、学校概况、个人详细履历、家庭环境等内容全面放入个人主页，让用人单位对自己有一个更为全面、深入的了解。

3. 给外企一份地道的简历

海外名企无疑是许多求职者的首选。那么针对这些外企，我们的简历是否会有一些特别的禁忌呢？以下提供的技巧及建议将使你避免失误，增加求职成功的机会。

（1）英语国家：遵循严格的方式。在英语国家（美国、英国、澳大利亚等），人们喜欢干脆利落，开门见山，简单明了，因此你可以在履历开头就明确写出求职目标，并写上一些精确的信息、具体的时间以及体现你特定方面能力的具体数字或你为原来所在工作部门赢得的利润额等。

我国大学生特别喜欢附上各种各样的证书以证明自己的能力，这一点在美国是可以被接受的，但所附证书一定要与你所申请的工作有关。在求职美国公司时，不要忘记在履历上尽可能详细地写明你的工作经验，所有可显示出你能力及实际经验的信息都将在美国公司的招聘中为你增加砝码。

最后，最好在履历末尾写上自己将会在某一时间打电话来以确定是否可能得到面试机会。同时，在面试过后，千万不要忘记写信给面试人，对其接待表示感谢。他们对应聘者的做事方式及其求职的方式非常看重，对他们来讲，这些都能显示出你的工作能力。

（2）欧洲国家：慎谈年龄。在欧洲国家，人们非常看重年龄，因为某些职业是有年龄限制的。因此，在对欧洲国家的面试中，你对年龄和经验的描述应当谨慎。另外，在有些欧洲国家会有一些特别的习惯，如90%的法国、意大利及德国招聘单位内部流行笔迹测试，若你的求职信不是手写的，某些公司甚至会拒绝阅读。

把履历寄给外国公司，履历应当容易理解，且在文化上应为招聘单位所接受。一定要在履历中用你的经历向招聘单位证明，你会很容易融入这家公司。例如你感兴趣的是 IBM 的某个职位，一定要让人感觉到你的稳重、严谨和协作精神；若你感兴趣的是微软的某一个职位，不妨张扬一下你的个性。

如果要上网发履历，最好把履历表做成 PDF 格式，这样一般不会出现乱码和错误。可以使用一些网上流行的交流符号，最好先脱机校对一遍你对面试问题的答复，然后再发给招聘单位。和普通信件一样，履历中出现语法或拼写错误都会对求职不利，且应注意文字的语气，应当像面对公司面试人员一样，显得稳健、有礼貌。

邮寄信件时也应注意细节，认真填写对方要求在信封上说明的应聘职位或编号，以最大限度地方便用人单位。避免用标有公司名称的信纸、信封回函或邮资已付的打印笺，这种侵占公司利益的形象在西方是尤为禁忌的。

4. 英文求职信——打入外资公司的敲门砖

应聘外资单位，往往要写英文求职信。写英文书信与写中文书信是有区别的，以下几点在英文求职信中要注意：①英文求职信的格式和标点符号；②英文往往一词多义，要准确运用，语言要庄重；③无论手写还是打印的信，在打印姓名的上面，必须用笔亲自签名，以表示郑重；④如要邮寄，注意信封的写法。

5. 多媒体简历

庞×是××大学电子专业的一名学生，今年他参加应聘时递给招聘公司的，不同于其他同学一叠厚厚的文字材料，仅仅是一张光盘，里面有他精心制作的简历、求职信，鼠标轻轻一点就自动翻到下一页，阅读起来非常方便。此外还包含了自己平时的一些专业设计，甚至还有 Flash 动画，一段动画中一个活泼的小男孩眨着大眼睛，变换着手中的内容向观看者介绍自己的学习、实习经历等。而在个人网页部分，则包括了自己喜欢的部分书籍、音乐等。他说，这样的简历容量非常大，形式也比较生动活泼，容易吸引招聘单位注意，并认真查看，成功率较高，尽管是新花样，但这样一张光盘成本并不高。

多媒体简历这种求职形式是近年来才流行起来的，许多电子、计算机专业的学生都逐渐采取了这种求职方式，有不少学生就是凭借这种方式被招聘单位记住并录用的。作为一种时兴的利用网络求职的方式，多媒体简历可以将每个学生的气质、性格、自信心、语言能力、外语水平等进行很好的展现，这样每个学生的优势和不足就会一览无余，招聘者可以较快找到最适合的毕业生，毕业生也就有机会快速找到最适合的职位。多媒体简历的出现被很多大学毕业生称为新的求职"敲门砖"，越来越被大学毕业生所青睐。但是，多媒体简历虽然声画并茂，具有直观、材料生动等优点，但有一个缺点即声画转瞬即逝，因此想取代传统的纸质简历还很难。两种简历要取长补短，最好的方式是应该将二者结合使用，这样就最大限度地满足了招聘方的需求。

第四节　大学生就业面试的内容及技巧

一、面试的种类和内容

（一）面试的种类

目前常见的面试种类可以分为如下几种。

1. 压力式面试

由主考官有意识地对求职者施加压力，就某一问题或某一事件进行一连串的发问，详细具体且追根问底，甚至有意刺激应试者，以观察应试者在突如其来的压力下能否做出恰当的反应，观察其心理承受程度和思维的敏捷、机智程度以及应变能力。主考官会反对你的观点，或阻挠你得出结论，提一些刁钻古怪的问题，然后看你是否能镇静地坚持己见，还是因惊慌而放弃自己的观点，或胡乱回答这些问题。

2. 能力式面试

能力式面试由主试人通过多种方式综合考察应试者多方面的才能，通常采取以下几种方式：①任意写一段话。主试人不加任何限制，让应试者任意写一段话。这样做的目的是观察应试者的字写得是否工整、流利，同时也考察了临场发挥能力。②分析一段文章。为了考察应试者的口头表达能力和分析判断能力，主试人让其分析文章，现场观察应试者的分析、归纳、综合演讲能力如何。③现场操作。为了了解应试者的实际计算机操作水平，如招聘 IT 人才，主试人往往让应试者当场用计算机进行一些演示或文档处理，有时甚至进行软件设计，现场考察应试者的计算机操作能力。

3. 情景式面试

情景式面试是指由主考官事先设定一个情景，在这个情景中预设几个问题，让求职者进入角色模拟完成，通过完成的效果来考察应聘者在分析问题、解决问题以及应变等方面的综合能力。这项面试不仅要求应聘者有丰富的专业知识，而且要具备良好的综合素质。其形式既可以是由主试人对应试者提出一个问题或一项计划，让应试者予以完成解答；其目的是观察应试者在特殊情况下的表现，判断其解决问题的能力；也可以是由主试人围绕选拔人才的要求预先准备好若干题目，当应试者进入正常面试状态时，逐一提问，其目的是获得应试者全面、真实的材料，观察应试者的知识面、能力、谈吐、行为和仪表风度等；还可以是主试人引出与面试内容关系不大的话题与应试者海阔天空交谈，让应试者自由发表看法，尽量使应试者情绪放松，自我调节到正常状况之下，然后进入主题提问。

4.考察交流式面试

一些用人单位为了扩大对外宣传，免费邀请应试者实地考察。在实地考察期间，对方热情做好接待服务工作，频繁地与应试者双向交流，考察毕业生的内在素质和综合能力。有些用人单位将企业的发展蓝图展示在高校毕业生面前，考察应试者对新事物的接受能力。还有些企业将工作中的疑难问题提出来，请高校毕业生献计献策。总而言之，实地考察时将应试者放到现实社会中加以考察，用人单位和应试者彼此双方的情况都了解得更详细、具体、全面。

以上几种类型在实际面试过程中，主试人可能只采取其中一种进行面试，也可能同时采用几种进行面试。有时面试按照事先设计好的步骤进展到三分之二，主试人会突然转向漫无边际或紧迫式的面谈。这是招聘面试中的一种战术。

（二）面试的内容

面试的内容比较广泛，用人单位从各个不同侧面了解应试者的业务水平、道德素质以及综合能力，这些内容都是选拔人才的基本内容。面试的内容并不是整齐划一、固定不变的，它往往从多个不同角度，根据用人单位的需要，加以不同内容的考察，而且即使考察也并不是完全模式化的或者事先安排的，这些内容很可能是随机的。根据面试的一般情况来看，面试的内容大体分为以下几部分。

1.个人基本情况

个人基本情况往往在个人履历中已经包含，但在面试时，用人单位往往还是愿意让毕业生重新加以复述并对其中的一些疑问或者细节问题，让毕业生予以解释、阐明。一方面是为了更加直观地了解毕业生的个人情况，另一方面是为了探明毕业生所提供的个人资料的真实性。对于广大毕业生而言，尤其棘手是以前所掌握的知识或者获得的荣誉在面试时由于自己没有长期积累或者复习而使个人能力与之不相称。例如一些已经通过英语六级、专业八级，或者获得雅思、托福高分尤其是口语高分的学生，往往在用人单位面前用口语进行自我介绍时吞吞吐吐讲不了几句，这是应试者必须引起高度重视的问题。

因此，毕业生在做自我介绍时切忌盲目夸大，要根据个人现在的客观情况，做出对自己中肯的评价，此外表达清晰性和逻辑性是应试者需要重视的地方。要使用人单位在较短的时间内了解你，对你产生兴趣，那么自我介绍时就必须善于把握重点，力求简明扼要。

2.应聘动机

在介绍完个人的基本情况后，用人单位几乎都要向应试者提出"为什么你要应聘这份工作""你为什么想加入本单位""你加入本单位的目的何在"等种种类似的问题。

通过应试者的表述，用人单位能初步了解应试者来本单位工作的目的和动机，进而通过对前后语句的比照，能够充分考察毕业生的工作态度是否端正、工作计划是否长远、是否适合本单位培养、是否有培养前途、能否在本单位长期工作。为了考察应聘动机，用人单位有时会实事求是地反映本单位的问题，如福利待遇偏低、工作辛劳程度较高、工作责任较大等现状，以试探应聘者是否真心诚意来本单位工作。一些毕业生应聘动机不端正，经受不住考验，听到这些情况就开始退却，一下子就被用人单位看穿，从而使得面试成功率大大降低。因此，毕业生必须在面试前做好充分的调查、准备工作，以平衡的心态面对用人单位所提供的各项条件。

3.综合素质和能力

毋庸置疑，考察毕业生的综合素质和能力是每个用人单位的重点所在，招聘具有极大的功利性，每个用人单位都希望能招聘到实用、踏实、刻苦并富有业务技能与素质的优秀人才。这些素质和能力并不是一朝一夕能培养出来的，这也是为什么很多用人单位习惯招聘具有工作经验的人，具有工作经验的人一般情况下已经初步具有了这些素质和能力。综合素质面试内容主要分为以下几个方面：①思想政治素质；②深厚的专业素质；③社交能力；④敬业精神和团队精神；⑤心理素质。

二、面试前的准备工作

求职面试这种考核形式改变了长期以来沿用的从档案看人、以一卷定终身的单向、静态的传统考核方法，从而使面试者与应聘者相互之间建立起一座沟通了解的无形桥梁，更使用人单位能够多维地、动态地、直接地考核，了解应聘者的资历、能力、志向、个性、事业心、责任感及职业目标等，然后做出是否录用的决定。求职者亦可通过面谈了解用人单位的情况，最后做出是否签约应聘的决策。因此，求职面试对于招聘、应聘的双方都意义重大。

（一）了解招聘单位的相关情况

面试前首先应了解单位的有关情况，如性质、隶属关系、业务范围、发展状况、薪金制度等，切不可在面试一开始就向用人单位提出这样那样的问题，反客为主。这说明你对该单位毫无了解，很容易引起招聘者的反感。主考官提问的出发点往往与招考单位有关，毕业生参加面试之前，要尽可能多地搜集资料，对用人单位的历史、现状、性质、规模、业务、产品、服务、企业文化、经营业绩、发展前景等要有所了解，掌握用人单位对人才的需求与使用情况等。如果你对用人单位比较熟悉，说明你对用人单位重视，有好感，将来工作会有较高的积极性，同时也说明对面试十分认真。若是对招聘单位一无所知，即使你其他条件都不错，也很难引起用人单位的兴趣。

那么怎样才能详细了解用人单位的情况呢？可以借助大众传媒、报纸、杂志、广播、电视等工具收集信息，积累资料。还可通过亲友、同窗或社交活动，从该单位的员工以及与该单位有关系或者对其有所了解的人士那里获得相关情况。此外，还可以向人才交流中心了解情况。

其次，面试前应确定求职目标，分析可行性。现在许多用人单位在面试录用时要与求职者签订合同，即规定在几年内不得脱离该单位，不许跳槽。如果你想工作以后再考研究生，那么签订10年合同就延误了你的报考时机。所以，你的目标应根据你的具体情况而定，必须明确，不可含糊。另外，你到该单位后是从事哪方面的工作，在面谈之前也要心中有数。在面谈之前，你需要分析一下目标是否可行。比如王某是一名定向研究生，毕业后想去一家外资企业工作，可行性就不太大。因为定向生原则上应该回到定向单位工作。又如李某本来是学哲学的，但他对电子计算机感兴趣，想去工作单位进行计算机软件的开发研究，可行性也不是很大。所以在进行可行性分析时，一般要考虑到各种限制。如果不可行，即使你与单位费了半天口舌，也很难达成协议。只有可行，才可以进一步去谈判。

（二）面试前的基本情况准备

面试时，大学毕业生在口头自我介绍时，应当做好充分的准备。要准备简要的自我介绍的腹稿，勤加练习，做到口齿清晰，有条不紊。

自信地应对面试，首先要对自己有清楚的认识。列出几件自己认为可以称得上成功的事情，并逐一分析这些成就，但要注意表达的语言简短、清楚、准确，不要漫无边际地瞎扯。

另外，介绍自己时，不能光讲优点，不讲缺点，有时把缺点说得恰到好处，会起到事半功倍的效果。例如，某毕业生在几位考官面前介绍自己时，他是先介绍自己的缺点，然后介绍自己的优点，扬长避短，把握较好，很快得到面试考官的好感，给面试官留下了诚恳、谦虚、实事求是的印象。

（三）面试前的心理和知识准备

面试时要注意招考单位提出的要求，携带必备的证件材料。考前还要注意休息和睡眠，以便有充沛的精力应试。除了一些事务性的准备工作，面试要着重准备好以下几方面的问题。

（1）锻炼交流协调能力。面试前，要将需要表达的问题进行重点和一般分类，按先后次序加以整理归纳。在面试前可以有针对地加强语言表达能力的训练，逐渐养成与陌生人自如交谈的心态。

（2）要牢记报名表、履历表所填的内容。表上的内容通常被主考人用作面试的资料。

当主考人提问时，如果你的回答与表上所填内容不一致，会让人感觉对面试不够重视，给主考人留下不好的印象。

（3）准备回答应试的动机，要把自己应聘的诚意及今后认真工作的愿望表达出来。如果应试者对这个问题含糊其辞，胡乱敷衍或回答错误，那么主考人就会怀疑面试者是否有诚意，或者将来能否认真工作等。这样被录取的希望就很小了。

（4）要至少能讲出3条自己的优点。为了更好地进行自我宣传，对自己有哪些优点要认真准备，反复斟酌，然后整理出3～5条既不虚夸又能充分表露自己的才能，既具体又不长篇大论的优点，反复练习表达，直到能流利地表述为止。

（5）要熟悉时事政策。有的主考人问到时事政策方面的问题，是想通过提问考察你对国际、国内大事和一些重大政策是否关心，以及对这些问题的看法。这是测试综合能力的方式之一。你若经常看报、听广播，只需摘记有关要点。若没有看报的习惯，最好在面试前的一段时间多看新闻联播和《人民日报》社论、评论。

（6）要调整心态。只有展现自己的自信与保持良好健康的心理素质，才能在面试过程中应付自如。首先，面试需要求职者保持常态；其次，面试前，打有准备之仗是保证面试成功的基础，机遇总是留给有准备的人。要在专业知识、口头表达、性格表露、人际关系、团队合作、敬业精神、仪表装饰等方面逐项做好充分准备。面试时以自己曾经做过的较为成功的事例来衬托和展示自己的才华，使主考官对你产生兴趣，并留下深刻印象，为面试的成功奠定基础。

（四）面试前的仪容与服饰准备

日本松下电器公司董事长松下幸之助在日记里记述着一件往事：年轻的松下幸之助在一家著名的企业里任推销员。有一次，在理发店里，理发师毫不客气地批评他的邋遢："你出去推销产品，代表的是公司的形象，你这样不注重仪表，客户会信任你吗？会买你的产品吗？"这件事对他的震动很大，从此开始重视自己的仪表。

毕业生吴某是某学院的硕士研究生，颇有才华，大学期间便有多幅作品在省市竞赛中获奖。小吴对自己的才华也自视很高，为了显示其艺术天才，他平时不修边幅，还特意留起了长长的头发，并染成黄褐色，穿着破破烂烂的牛仔服。小吴把自己的求职目标定位在高校教师。临近毕业，他和其他同学一样，东奔西跑、四处求职，用人单位去了不少，许多用人单位对他的材料很感兴趣，他也参加了好几次面试，但都没有下文。他眼看周围的朋友一个个签订了协议书，自己也不禁着急起来，一天他来到就业指导中心进行咨询，张老师在看完他的自荐材料、了解他的求职意愿、问了一些面试的细节后，建议他剪掉自己的长发，重新塑造自己的形象，并让他留下求职材料，答应有机会为他推荐就业单位。

小吴虽然口头上答应了，但内心却不以为然，他心里想，用人单位要的是我的能力和才华，我留长发与他们何干？再说这头长发已留了几年，要一下子剪掉，还真有点舍不得。很快他就把老师的忠告抛到九霄云外。几天后，又有一家大学来学校为新成立的绘画专业招聘教师，就业中心的张老师拿出了小吴的自荐材料，来人看了自荐材料，听完了推荐介绍后，觉得小吴很有才华，提出要进行面试。但当小吴来到面前时，几位前来面试的招聘领导流露出失望的表情。在小吴离开后，就业中心的张老师又向用人单位的领导进行了耐心的解释，并希望他们再给小吴一次面试的机会，随后又和小吴进行了认真的交谈，告诉了他用人单位的疑虑，并对他说："作为一名研究生，你有才华，但是你在面试时给人的第一印象是非常重要的，尤其是教师职业对人的形象要求更高。你一个男生留一头褐色长发，很容易给用人单位留下不好的印象，甚至怀疑你的品行。"小吴这回不敢再怠慢了，回去后就理了发，并穿了一套整洁的西装前来面试。

过了不久，小吴高兴地来到学校指导中心，告诉张老师他已收到了这所大学签订的就业协议书，他十分感激张老师对他的帮助和提醒。

合适得体的衣着打扮对求职的毕业生来说非常重要。穿着打扮，有意无意之间反映了一个人的修养、气质和风度，甚至折射出一个人的价值观和生活态度。在求职面试过程中，它往往影响着主考官对毕业生的第一印象，衣着不整、蓬头垢面，会被认为是邋遢窝囊；过于前卫的打扮，会使人感到不可信任。因此，面试前毕业生应注意自己的着装打扮。总的原则是：整洁、大方、朝气蓬勃的仪表，符合自己和用人单位职业要求的身份。

三、面试时的应答技巧

在面试时，大学毕业生回答提问时应注意以下几点。

（一）表达把握重点

应试者在确认提问内容以后，回答问题时，先将自己的中心思想表达清晰，然后再做叙述和论证，这样可以让主试人产生一种条理清楚、有理有据、简洁明了的面试效果。如果在简短的时间内进行长篇大论，不仅会将主题冲淡或漏掉，还使主试人感到厌烦。如某高校毕业生面试时分析自己优缺点，先分析自己的缺点，再谈自己的优点，简明扼要，这样立即给主试人留下谦虚坦诚、不回避缺点的面试效果。主试人本来就想了解面试者能否一分为二看待自己，此时只要应试者能抓住自己主要的优缺点，进行简单扼要的回答，就能提高面试成功的概率。

（二）答题实事求是

面试遇到自己不知、不懂、不会的问题时，采取回避闪烁、默不作声、牵强附会、不懂装懂的做法均不可取。知之为知之，不知为不知，诚恳坦率地承认自己的不足之处，反而会赢得主试人的信任和好感。

（三）凸显个人特色

主试人在多次的面试中，相同的问题肯定问过若干遍，类似的回答也听过无数回，因此，主试人难免会有乏味、枯燥之感。只有具有独特的个人见解和个人特色的问答，才能引起主试人的兴趣和注意，但不要自吹自擂，急于推销自己。面试时如果想要凸显自己的特长，一定要结合具体的例子来充实自己，这样才能给主试人加深印象，一味地讲套话就显得空洞平庸，最后只能给主试人留下平庸的印象。

（四）面试应注意的其他要点

1. 面试的礼貌与仪态

应聘者以礼貌和良好的仪态给招聘者留下美好的印象是面试成功的重要因素。注意礼貌和仪态主要有以下几点。

（1）面带微笑。微笑表示欣赏对方的盛情，表示领略，表示歉意，也表示赞同。微微一笑可以降低双方的心理戒备，创造良好的面谈气氛。

（2）谦和热情。谦和是对他人的敬重，是一种友好的表示，必然会收到友好的回报。充满热情，必然给人以精力充沛、富有生机和自信的感觉，并给人以感染、启迪的鼓舞。应聘面试切忌含糊其辞，吞吞吐吐，也忌信口开河，卖弄自己。

（3）无声语言的魅力。无声语言包括表情、目光、手势、体姿等。无声语言的良好运用会使招聘者产生好感，留下深刻的印象，是应聘者成功的重要条件。

表情。表情是人心理状态的外在表现，是人的大脑皮层受到外界各种客观事物刺激后在人体外部的一种情感体验，面试时应当充分运用适当的表情来表达自己的思想感情。

目光。面试时的目光也很重要，游离、善变的目光会让主考官认为这个人不老实。也有的人在谈话过程中始终不敢抬头，眼睛不敢往上看；有的人目光过于向上，时时翻着白眼；有的人虽然目光位置没大毛病，但不敢与主考官对视，一有对视，马上躲闪，显得很不自信。正确的方法是：将目光集中在主考官眼睛与嘴巴之间的三角区域上移动，这样会令人觉得毕业生对他的话十分重视。不时与对方对视交流，交流时目光应坚定、自信，显示出英气勃勃。

坐姿。面试时全身放松，不需要正襟危坐，以免肌肉紧张，不受控制。调整好呼吸，千万不要喘粗气。如有必要，可以改变自己坐姿，不用一直保持同一种姿势。在任何情况下，都应等候主考官的指示或到指定的座位坐下，尽量避免跷腿。大多数情况下，面试双方会隔着一桌而坐。但假如没有桌子，毕业生就应该与主考官保持1米左右的距离。若双方距离太近而令主考官感到自己的"区域"受到侵入，就有害而无益了。

2. 语言表达艺术

面试时，你的语言表达艺术反映了你的成熟程度和综合素养。对应试者来说，掌握语言表达的技巧无疑是很重要的。那么，面试中怎样恰当地运用谈话的技巧呢？交谈时，要注意发音准确，吐字清晰，语言流利，文雅大方。要注意控制说话的速度，避免磕磕碰碰，影响语言的流畅。为了增添语言的魅力，应注意修辞美妙，不能有不文明的语言出现。面试过程中，要控制讲话的速度。讲话速度过快往往容易出错，甚至张口结舌，进而导致思维混乱。讲话速度太慢，则给人一种缺乏激情、气氛沉闷的感觉。面试时，要注意语言、语调、语气的正确运用。语气是指说话的口气，语调是指语音的高低轻重配置，要掌握语气平和、语调恰当的表达技巧。如打招呼问候适宜用上语调，加重语气并带拖音，以引起对方的注意。自我介绍时，最好用平缓的陈述语气，不宜使用感叹语气或祈使句。声音的大小要根据面试现场情况而定。群体面谈时以每个主试人都能听得清你的讲话为原则。回答主试人的提问除了表达清晰，适当的时候可以使用幽默的语言，创造轻松愉快的气氛，尤其是当遇到难以回答的问题时，机智幽默的语言会显示自己的聪明才智，有助于化险为夷，并给人以良好的印象。

3. 进场面试须知

如门关着，应先轻轻敲门，得到允许后再进去，开门和关门动作要轻，以从容、自然为好。见面时，要向面试考官主动打招呼问好致意，招呼应当得体。当主试人没有邀请你坐下时，切勿急于落座。主试人请你坐下时，应道声"谢谢"，坐下后保持良好的体态，切忌大大咧咧、左顾右盼，以免引起反感。

应试者刚开始的表现很可能决定主试人对应试者的总体印象，所以这时你必须面带微笑，等待主试人的提问，同时要显得兴致勃勃，信心百倍。

4. 面试后的工作

在面试后的一两天内，应试者可以给招聘单位某个具体负责人发一封电子邮件或写信。在信中应该感谢对方为你所花费的精力和时间以及提供的各种信息，简单地谈到你对公司的兴趣以及可以帮助他们解决的一些问题。如果两周之内没有接到任何回音，你可以给主试人打电话询问"是否已经做出决定了"。这个电话可以表示出你的兴趣和热情，也可以从对方语气中听出你是否有希望成为公司的一员。

第五节　大学生就业协议的签订和劳动权益的维护

很多情况下，大学毕业生对如何行使、保护自己的权利，同时应承担哪些义务，发生争议时如何解决等一无所知，严重影响了大学生就业的质量。大学毕业生必须要知法、懂法，学会运用法律武器来保护自己，避免上当受骗。本节从介绍就业协议的内容入手，谈谈如何签订就业协议书，介绍就业协议与劳动合同的关系、签订就业协议书时应注意的问题，以及如何保护就业权益等。

一、就业协议书

（一）就业协议书的概念及作用

就业协议书是指明确用人单位、毕业生两者之间的义务和权利的书面表达形式，是由毕业生本人、用人单位和毕业生所在学校三方共同签订的，约定用人单位接受该毕业生、毕业生本人自愿毕业后到该用人单位工作并由学校鉴证的一份具有法律效力的文件。

就业协议书分为《全国普通高等学校毕业研究生就业协议书》和《全国普通高等学校毕业生就业协议书》，由国家教育部和省级毕业生就业工作主管部门统一印制，使用的对象为各普通高等学校大专层次以上的国家统招计划内毕业生。

签订就业协议的主要目的包括：①合理使用人才，保护毕业生和用人单位各自的权益，充分发挥人才的作用，调动毕业生与用人单位的积极性；②是学校制订、国家审批毕业生就业计划的依据。

（二）就业协议书的格式和内容

以《全国普通高等学校毕业生就业协议书》为例，就业协议书的格式包括封面、编号、毕业生、用人单位、学校名称、内容。

根据《普通高等学校毕业生就业工作暂行规定》的要求，为维护国家就业计划的严肃性，明确毕业生、用人单位、学校三方在毕业生就业工作中的权利和义务，经协商，毕业生、用人单位、学校三方签订如下协议。

（1）毕业生应按国家规定就业，向用人单位如实介绍自己的情况，了解单位的使用意图，表明自己的就业意见，在规定的时间内到用人单位报到，若遇到特殊情况不能按时报到，需征得用人单位同意。

（2）用人单位要如实介绍本单位的情况，明确对毕业生的要求及使用意图，做好各项接收工作。凡取得毕业资格的毕业生，用人单位不得以学习成绩为由提出违约，未取得毕业资格的结业生，本协议无效。

（3）学校要如实向用人单位介绍毕业生的情况，做好推荐工作，用人单位同意录用后，经学校审核列入建议就业计划，报教育部批准，学校负责办理派遣手续。

（4）学校应在学生毕业前安排体检，不合格者不派遣，本协议自行取消，由学校通知用人单位。如用人单位对毕业生身体条件有特殊要求，原则上应在签订协议前进行单独体检，否则，以学校体检为准。

（5）毕业生、用人单位、学校三方如有其他约定，应在备注栏注明，并视为本协议的一部分。

（6）本协议经各方签字、盖章后生效。三方都应严格履行本协议，若有一方提出变更协议，需征得另两方同意，由违约方承担违约责任，并在备注栏注明。

（7）本协议一式三份，毕业生、用人单位、学校各执一份，复印无效。

二、签订就业协议书

（一）签订就业协议的方法

签订就业协议是毕业生就业过程中的必要环节。必须由学校、毕业生、用人单位三方共同签署方可生效。因为就业协议是明确在就业过程中毕业生和用人单位双方权利和义务的协议，涉及毕业生的切身利益，并具有法律约束力，所以毕业生在签订就业协议时要注意以下6个问题：①用人单位的资格；②条款内容的明确度；③与劳动合同衔接性；④解除协议的条件；⑤签订协议的程序；⑥签名。

（二）签约时的心理调适

如果毕业生确定了用人单位，对方也明确表示愿意录用，毕业生就可以与用人单位及母校签订协议书。该协议书一旦签订，便视为生效合同，不能随意更改。面对求职择业过程中的这一关键问题，许多大学毕业生瞻前顾后，举棋不定。有的则在盲目签约后又后悔不迭。那么，如何调整签约时的心理状态呢？

1. 冲突心理的调整

一些毕业于名校的大学毕业生往往为多家用人单位所青睐，因而常常接到两个或两个以上用人单位的签约邀请。一旦出现这样的局面，许多毕业生便茫然不知所措，徘徊不定，甚至采用抓阄的荒谬办法来决定自己的最终去向。面对这种情况，大学毕业生应对各家单位与自身实际情况再做充分评估，仔细考虑自己的择业目标和职业生涯发展计划。

2. 懊悔心理的调整

一些大学毕业生在签约前，急于求成，草草签约，而一旦签约又后悔不已。尤其是在了解更多的择业信息或得到条件更好的用人单位的签约邀请后，更是捶胸顿足，懊丧不已。沉浸于懊悔之中，不仅无益于毕业生自身的身心健康，而且这种心态一旦带入将来的工作之中，更会严重影响到自身与用人单位之间的合作。其实，大学毕业生应当有一种流动就业的心理，任何事情都不是一成不变的，只要自己不放弃，今后随着实力增长，就可以得到更好的工作机会。

3. 冲动心理的调整

毕业生在求职择业中，普遍存在着急躁、焦虑情绪，接到用人单位的签约邀请后，或担心用人单位反悔，忙于签订协议书。其实，这种急于求成的心理是最要不得的。在接到签约邀请后，大学毕业生首先考虑的问题应是：我真的喜欢这个工作吗？我的知识和能力能适应这个工作吗？这个工作是我的最佳选择吗？在对上述三个问题做出充分的思考后，再签约也不迟。

（三）违约手续的办理

就业协议书签订后如果有一方反悔的，叫作违约，违约必须按照一定的程序办理，同时违约方应当承担违约的责任。

按照就业协议书有关规定，一方违约的，应当向另两方承担违约的责任。违约的具体责任如何承担，可以在就业协议书中约定。学校对毕业生的违约行为一般采取收取违约金的经济手段予以制约。如果用人单位违约，学校主管毕业生就业工作的部门同样会出面要求用人单位按照所签订协议给予毕业生赔偿。

毕业生如果确有特殊原因需要违约的话，可按照下列手续办理。首先向已签约的用人单位提出违约申请；其次经用人单位同意后，向用人单位承担违约责任，交纳违约金或承担其他法律责任；最后将用人单位同意违约的信函和已签订的就业协议书交到学校毕业生就业工作部门，经审查并向学校承担违约责任后，再领取新的就业协议书。

三、劳动合同及相关法律问题

每年都有大量的大中专毕业生和用人单位达成形形色色、内容各异的合同、协议，其中，忽视法律的权威，不注重法律规范性的约定大量存在，引发纠纷的不断。纠纷一旦发生，不仅会使毕业生或者用人单位的利益受损，也给学校和就业管理部门带来巨大的压力，这已经成为困扰毕业生、学校、用人单位和就业管理部门的一大难题。

（一）劳动合同

高校毕业生就业时，与用人单位签订的劳动合同、就业协议书以及其他的一些书面约定都是重要的法律文件，对其性质和相互关系一定要搞清楚。目前高校使用的就业协议书并非等同于一般的劳动合同。劳动合同指的是劳动者和用人单位确立劳动关系、明确双方权利义务的协议，一般要以书面形式订立，写明合同期限、工作内容、劳动保护和劳动条件、劳动报酬、劳动纪律、合同终止的条件、违约责任等条款。

1. 劳动合同的内容

一切关乎劳资双方权利义务的约定都是劳动合同的内容。劳动合同期限可分为有固定期限、无固定期限和以完成一定的工作为期限三种形式。一般来说，劳动合同的内容大致可分为工作内容、劳动保护和劳动条件、劳动报酬、劳动纪律、违反劳动合同的责任等方面。

工作内容指在合同有效期所从事的工作岗位及工作要求，双方在约定工作岗位时可以同时约定岗位变化的条件和方法。劳动保护和劳动条件指为保障劳动者在劳动过程中的安全、卫生、健康，用人单位根据国家有关法律法规而采取的各项保护措施。劳动报酬是指双方约定的工作报酬，包括劳动者的工资、奖金、津贴等，以及劳动报酬支付的形式和支付日期等内容。用人单位在支付劳动报酬时，不得违反国家法律法规和规章的有关规定。必须以现金支付（用信用卡支付也可以），不得低于国家规定的最低工资标准。劳动纪律包括企业的规章制度、劳动纪律等内容及其执行程序，即劳动者在劳动过程中必须遵守的工作秩序和规则，是用人单位组织生产经营活动、完成规定任务的条件保证，是劳动者必须履行的义务。劳动合同终止的条件是指劳动合同期满自然终止或双方在劳动合同中事先约定提前终止的客观事实条件出现。违反劳动合同的责任指劳动合同一方当事人不履行或者不完全履行劳动合同，以及违反《中华人民共和国劳动法》及其他法律法规和规章的有关规定，应当承担相应的法律责任，主要为经济赔偿责任。

2. 劳动合同的效力

从法律角度讲，劳动者在合同上签了字，表示自己对这份合同认可，并愿意遵守和履行这份合同的行为。如果拿不出用人单位在签合同时，采用了胁迫或欺诈的证据的话，就只能认定这份合同的签订为自己的真实意思所为，就不能主张合同无效。因此，大学毕业生与用人单位签约应慎重，大学毕业生作为具有完全民事行为能力的人，应该要为自己的行为负责。

（二）就业的相关法律问题

首先，从签订就业协议的主体来看，就业协议的签订须由毕业生、用人单位、学校三方共同在就业协议上签字盖章才能生效。学校作为签订就业协议的一方主体，具有双重主体的身份。一方面，学校是以平等主体参加到签订就业协议中来，并按照签订就业协议的规定和程序签字盖章。另一方面，学校是以管理者的身份对就业协议进行审查，符合政策规定的予以签字盖章，就业协议生效；不符合政策规定的，不予以签字盖章，就业协议不能生效。

学校的作用实质上是一种行政干预，是行政管理的体现，这是因为：①我国现行的高等学校毕业生就业制度仍然具有计划性，也就是国家还要对毕业生的就业流向实行宏观控制，国家要通过对毕业生就业计划的审批控制毕业生的流向，这是一种行政管理行为；②由于教育部等就业主管部门的授权，学校对签订的就业协议进行监督、管理，并负责制订毕业生建议就业计划；③毕业生在择业过程中，虽然主要是毕业生的个人行为，但是学校的声誉对毕业生的择业起到了十分重要的作用，由此而使学校在毕业生与用人单位签订就业协议时，十分重视维护学校的声誉。

其次，从就业协议的客体来看，毕业生、用人单位、学校三方共同达成的一致意见是毕业生愿意到用人单位就业；用人单位同意录用毕业生；学校经审核同意。所以，签订就业协议主要反映的是一种劳动人事关系，也就是毕业生将成为用人单位的成员。

无论是就业协议还是劳动合同，发生法律效力后，任何一方不得擅自毁约。如果用人单位无故要求解约，毕业生有权要求对方严格履行就业协议，否则用人单位应对毕业生进行补偿。权利义务是一致的，如果毕业生无故违约或者解除劳动合同，也应当赔偿由此对用人单位造成的损失。

（三）应注意的其他问题

1. 了解并掌握国家就业政策和学校就业规定

政策和规定可以指引大学毕业生的择业方向，规范毕业生的择业行为。只有掌握了这些规定，自己的择业方向才能明确，目标才能选对。

2. 了解就业协议书的全部条款

毕业生在与用人单位签订就业协议前，首先要认真地阅读就业协议中的全部条款，并且要了解条款的内容和含义，同时还要学会运用条款和掌握签订就业协议的步骤。其次，特别要了解用人单位有无独立的进人权，除了用人单位盖章，还必须有用人单位上级主管部门的公章。否则，学校在参加全国就业计划协调会时，用人单位的上级主管单位不认可，计划便难以落实，学校不能派遣毕业生。

3. 要注意约定的条款本人能否承受

大学毕业生与用人单位在签订就业协议时，许多内容要靠毕业生与用人单位约定，然后备注。毕业生在与用人单位进行约定的时候要注意以下几个问题：①约定条件是否合理和平等；②约定的条款大学毕业生本人是否能够承受；③毕业生与用人单位的备注条款，要注意须有毕业生和用人单位双方的签字，否则当发生争议时，由于没有双方的签字备注条款很难发生效用。

4. 签订协议内容要详细且一致

协议上关于福利方面的内容一定要写明，即社会统筹的养老保险、医疗保险、住房待遇、公积金及失业保险金等，须按国家的有关政策执行。若有其他约定可以补充，如考研、出国等事项均可附加说明，以免日后出现违约现象。此外，还有些单位在签协议时写明若违约支付对方违约金五千元，但在签劳动合同时改成："若违约支付对方违约金二万元。"这种劳动合同与协议内容不一致的现象一定要避免。

5. 进民营企业一定要规范相关条款

目前，私营企业私招乱聘、用工不签劳动合同的情况比较突出。一些企业虽与职工签订了劳动合同，但合同内容却不符合劳动法规定。一些民企，尤其是个体私营企业自制的劳动合同文本内容、条款不规范，将上岗合同代替劳动合同，把企业管理制度作为合同条款，把非法集资、缴纳保证金等内容写进合同。鉴于一些私企用工制度不规范的现状，建议那些准备到民企就业的大学毕业生增强择业中的法律意识，善于用《中华人民共和国合同法》《中华人民共和国劳动法》保护自己的合法权益，签好合同再进民企。

第四章 大学生职业素养的要求

第一节 职业素养的基本内涵

素养与素质在实际运用中经常作为一个同义概念使用，但其内涵略有区别。从某种程度上讲，素养包括素质和修养两部分，主要指一个人与生俱来的以及通过后天培养、塑造、锻炼而获得的身体上和人格上的性质特点，是一个人在社会生活中思想与行为的具体表现，包括一个人文化水平的高低、道德水平的高低、身体的健康程度、惯性思维能力和对事物的洞察能力、管理能力和智商、情商层次高低以及与职业技能所达级别的综合体现。职业素养是一个非常宽泛的概念，体现为职业内在的规范和要求，表现为职业过程的综合品质，主要包含职业道德、职业意识、职业态度、职业技能、职业行为、职业作风、职业个性等。

概括来讲，职业素养的基本内涵体现在三个方面。

一、职业信念态度

职业信念态度指个人对其选择的职业的观念和态度，是职业素养的核心，包括良好的职业道德、正面积极的职业心态和正确的职业价值观意识，是一个成功职业人必须具备的核心素养。良好的职业信念应该是由爱岗、敬业、忠诚、奉献、正面、乐观、用心、开放、合作及始终如一等这些关键词组成，涵盖可靠的忠诚度、抗压能力、较强的责任心、谦虚谨慎的态度、较强的进取心及职业认同感等内容。

二、职业知识技能

职业知识技能是做好一个职业应该具备的专业知识和能力。俗话说"三百六十行，行行出状元"，没有过硬的专业知识，没有精湛的职业技能，就无法把一件事情做好，就更不可能成为"状元"了。职业知识包括职业规划知识、职业礼仪知识、法律法规知识、管理知识、财务知识；职业技能是个人拥有匹配职业岗位需求的适应能力，包括独立分析能力、环境适应能力、沟通交流能力、解决问题能力、书面表达能力、实验及科研能力与创新能力等。每个职业有每个职业的知识技能，每个行业有每个行业的知识技能。

三、职业行为习惯

职业行为习惯就是在职场上通过长时间地学习—改变—形成而最后变成习惯的一种职场综合素质，体现为良好的理解能力、高效的执行能力、得体的职场礼仪、有效的时间管理及情绪管控等。

影响职业行为习惯的因素很多，主要包括劳动者的受教育程度、社会经历、实践经验等，它的形成是在先天生理的基础上，受后天环境、教育的影响，通过个体的认识与实践，形成的比较稳定的身心发展的基本品质。

随着我国高等教育进入大众化阶段，我国总体毕业生总数逐年增多，2018 年全国应届毕业生人数为 820 万，达到了历史新高，严峻的就业形势给高校人才培养带来了挑战，提高大学生的综合素质和职业素质、提升大学生的职业素养是缓解大学生就业难的根本途径，也是高校人才培养面临的紧迫任务。培养大学生具备良好的职业素养是大学生成功就业、良好发展的基础。

第二节　大学生职业素养的核心要素

职业素质是职业素养的核心内容，是在职业过程中的能力展示与行为表现。影响和制约职业素质的因素很多，主要包括受教育程度、实践经验、社会环境、工作经历以及自身的一些基本情况，除外部因素，大学生职业素质的基本要素有人格要素、能力要素、知识要素三个方面。

一、大学生职业素质中的人格要素

大学生职业素质中的人格要素是指大学生的个人素质。在大学生求职过程中，用人单位不仅考核其专业知识和技能，还考核其综合运用知识的能力、对环境的适应能力、对文化的整合能力和实际操作能力等。大学毕业生的职业热情、沟通能力、学习能力、责任心和诚信意识等人格素养更被用人单位看重。

大学生人格素质结构以道德素质为根本，以专业素质为龙头，以心理素质为支撑，形成德智体全面发展的综合素质结构。道德素质是做人之本，学生必须学会求知、学会做事、学会共处、学会生存，必须具备爱岗敬业、诚实守信、办事公道、服务群众、奉献社会的良好职业道德。

（一）人格要素的特征

人格要素在职业生活中表现出以下主要特征。

1. 职业性

不同的职业，其职业素质的要求是不相同的，对从事该职业的工作人员也有不同的要求。例如，对建筑工人的素质要求与对 IT 工作者的素质要求是不相同的。而对财务工作者的素质要求与对工程技术人员的要求也是不相同的。

2. 稳定性

一个人的职业素质是在长期执业过程中日积月累形成的。一旦形成，便具有相对的稳定性。例如，一位医生，经过几年的专业训练，就逐渐形成了熟练运用医疗器械、快速进行诊断、懂得如何进行急救和怎样处理突发事件、如何与就医者进行沟通以及对病人进行合理的处置等一系列医务工作者的职业素质。当然，随着不断学习和工作环境的影响，这种素质还会继续提高，并不是在现有水平上一成不变的。

3. 内在性

职业从业人员在长期的职业活动中，经过不断学习、亲身体验和经验积累，能够对事物做出正确的判断，并对此进行有意识的内化和升华，在日常工作中指导自己的思想和行为，这就是职业素质的内在性。

4. 整体性

一个从业人员的职业素养和他的整体素质有关。我们说某员工的职业素养好，不仅指他的思想政治素质、职业道德素质好，还包括他的科学文化素质、专业技能素质好，甚至还包括身体、心理素质好。

5. 发展性

一个人的素质是通过教育、自身社会实践和社会影响逐步形成的，具有相对性和稳定性。但是，随着社会发展对人们不断提出更高的要求，人们在工作中会经历从关注岗位到生涯发展的变化，会主动通过再学习、总结经验、创新等方式，不断提高自身综合素质，以更好地适应社会的发展需要。

（二）对人格要素的要求

当代大学生要提高个人人格素养，需要有针对性地从以下几方面进行提高。

1. 思想道德素质

"德才兼备，以德为先"的用人标准是我国干部选拔任用的重要导向，也是企事业单位招聘员工的主要标准。用人单位选人重"才"更重"德"，即把思想道德素质放在首位，政治思想素质较高，具有事业心、责任感和吃苦奉献精神的毕业生成了首选目标。思想道德素质包括政治素质、事业心和责任感、艰苦奋斗精神和务实作风等方面。

首先，政治素质不仅表现在政治立场、观念方面的远见和洞察力，还表现为对社会发展趋势的敏锐性，对国家宏观政策的预测把握能力及具有一定的政治理论修养。

其次，许多用人单位在人才的要求上强调要有事业心、责任感，要爱岗敬业、乐于奉献；希望并要求毕业生把选择的工作当作长期追求，要与单位同甘苦、共患难，荣辱与共，而不仅仅将工作作为谋生的职业和临时落脚点。唯有敬业的大学生才能积极进取、胸怀大志，才能开发蕴藏在自己身上潜在的创造性，为社会做出贡献，实现自己的人生价值。

最后，艰苦奋斗精神和务实作风是创业者应有的精神风貌。在改革开放和现代化建设中，会遇到无数的艰难险阻，也难免有这样那样的曲折和坎坷，这就需要毕业生始终保持昂扬的斗志和坚忍不拔的作风，坚定不移地向着既定的奋斗目标前进。

2. 科学文化素质

在现代科技迅猛发展、生产越来越多地依靠人的智力和知识的今天，劳动者科学文化素质的高低对生产的发展、社会的进步有着决定性的影响。因此，大学生首先要有广博精深的知识储备，提高自身的科学文化素质。现代社会对大学生的文化素质、知识结构的要求越来越高，不仅要具备宽厚扎实的基础知识，还必须具有广博的专业知识和大容量的新知识储备，要求大学生的知识程度高、内容新、实用性强。

其次要建立合理的知识结构，既要做到围绕自己选择的就业目标，对自己所掌握的知识进行合理组合、恰当调配，形成知识系统；同时，也要求大学生有更新知识的能力，即持续学习、终身学习的能力和创新能力。在以高新技术产业为支柱的知识经济时代，创新意识、创新精神、创新能力成为衡量新型人才的重要标志。当前，在社会就业总需求不足的情况下，社会迫切需要有一大批大学生利用自己的学识自主创业，也为他人创造更多的就业岗位。有不少大学生已开始意识到培养创新精神和创新能力的重要性，有意识地发展自身的创新能力。同时，许多高校也鼓励毕业生自主创业、科技创业，并提供了一系列的便利条件和优惠政策。

3. 专业素质

知识是形成素质的基础，高素质人才必然需要有扎实的专业基础，这里所说的专业基础是全面的，全面的专业基础是指融自然学科和人文学科于一体的广博的学科基础知识，一个人只有具备了融会贯通的综合知识结构，才能透彻地研究高深学问，这本身就是一种素质。精神是素质的内在本质。大学生的专业理想和生活理想必须遵循政治和道德的规范，没有政治和道德约束的专业理想和生活理想是无法实现的。

大学生虽然有了一定的知识积累和专业能力，但并不等于有了相关职业所需要的应用技能。从某种意义上说综合能力比知识更重要，大学生只有将合理的知识结构和适应社会需要的各种能力统一起来，才能在成功成才和激烈的竞争中立于不败之地。

大学生要有意培养自己驾驭知识和信息的能力、竞争协作能力、创新意识和创造能力、敏锐的政治辨别力等。

4. 身体、心理素质

健康的体魄、良好的身体素质已成为人才竞争的物质资本。人们普遍认为德、才、学、识、体是人才的内在因素，而体是最基础的部分，是成长、成才的物质基础。大学生要有意识地锻炼身体、强健体魄，不断提高身体素质，为日后的工作打下良好的基础。同时，在社会急剧变革的今天，多种思想文化的激荡、新旧价值观念的冲突、激烈的竞争、物质生活的悬殊等，无不冲击着大学生的心灵，引起了部分大学生认知失调、心理失衡和行为失范。这些都影响了毕业生的学习、生活和工作，也不利于就业求职。因而大学生必须加强心性修养，不断提高心理素质，在学习与工作中，能够培养正确的自我意识，客观评价自我，认识到自己的长处与不足，并有意识地完善自我，克服自卑心理，培养自信心；树立正确的人生观和世界观，优化人格结构，塑造健全人格；管理和调节自我情绪，培养积极乐观的品质，增强心理调适能力；正确对待困难与挫折，培养坚韧不拔等良好的意志品质，以良好的心理素质去迎接挑战。

机遇总是垂青于有准备的人，一个人综合素质的高低将决定其求职择业的层次与自由度。而综合素质的提高不是一朝一夕就能做到的，也不是靠毕业前的突击能解决的，它要求大学生在整个大学期间，要转变观念，增强竞争意识，高要求、有针对性、分阶段地不断充实自己、完善自己，逐步提高自身的综合素质，成为择业竞争中的强手。

二、大学生职业素质中的能力要素

能力是一个人完成任务的前提，是影响工作效果的基本因素。社会上任何一种职业对从业者能力都有一定的要求。随着时代的发展、科技的进步，职业结构发生了升级换代的变化。一些传统职业渐渐从历史的舞台上退去，同时，一些新兴职业也应运而生。职业结构的变化也使人们的工作岗位发生了变化，人们不能再在一个岗位上一劳永逸。

面对就业市场上职业结构的变化、岗位的轮换，需要人们有更高的能力去适应社会的发展，这种更高的能力不是通常的生产技术或专业知识，而是一种非技术、非专业的要素，这种要素能够跨岗位、跨职业甚至跨行业，正是这种特殊要素的存在才使劳动者的职业能力具备了一种可转移的和普遍的适应性。这种重要能力就是职业核心能力，又称为"通用职业技能"。大学生职业生涯中的能力要素主要是指通用技能。

通用技能也被称为可迁移技能，是人们职业生涯中除岗位专业能力之外的基本能力，个人最能持续运用和最能够依靠的技能。知识技能的运用都是在可迁移技能的基础上，它适用于各种职业，适应岗位的不断变换，是伴随人终生的可持续发展能力，包括10项技能：①自我管理能力；②学习和适应能力；③解决问题能力；④创新能力；⑤团队工作能力；⑥语言表达能力；⑦信息处理能力；⑧人际交往能力；⑨系统化工作能力；⑩自我规划能力。

（一）通用技能的识别与评价

通用技能是指可以运用于不同职业的、基础的、可迁移的能力和技巧，如倾听和提问的技巧、协调能力、领导和培训他人的能力等。通用技能的最大特点是可以持续应用，是我们最能依靠的技能。

技能的辨识可以通过以下方式来体现。

一是自我评价可衡量的业绩：自己日常的行为方式和过往经验，对自我技能的总结和归类。

二是来自他人的认可和反馈，通过身边熟悉的人，如老师、同学、家人、朋友等对自己的评价，全面了解自己的技能。

三是撰写成就故事回忆自己所做的有成就感的事件。内容应该包含以下要素：想达到的目标；面临的障碍、限制、困难；具体行动步骤；对结果的描述与量化评估。

四是职业技能分类卡。这是探索职业技能的一种非正式评估方式。由被测评者在一定数量的职业技能卡片中选出自己最擅长使用的技能，以便在日常工作中进行加强和提升。

美国著名的心理学家和职业专家赫伍德·斐格勒，在1988年对可迁移技能进行了10类划分，并对这些技能在职业竞争中的作用做了高度的评价。①预算管理，表现为对现有资源的最佳运用；②督导他人，表现为执行、实现能力；③公共关系，表现为良好的营造氛围能力；④应对最后期限的压力，表现出强烈的攻坚能力；⑤磋商和仲裁，表现出合理适当的妥协共存能力；⑥公共演讲，表现为公共引导和宣传方面的潜力；⑦公共评论协作，是公共引导和宣传的表现；⑧组织、管理、调整能力，是领导和资源协调能力的综合体现；⑨与他人面谈的技巧和能力，个体交往潜力的集中表现区域；⑩教学和教导能力，传授、散布知识方面的潜质。

更重要的是，这些能力的培养往往是在课堂之外，这就要求我们必须全面创新现有的大学课外生活管理，为这些能力的培养找到合适的舞台，并不断引导他们树立培养这方面的主动意识。

（二）对通用技能的要求

目标职业对通用技能有着相应的要求。一般我们认为的人—职匹配在很大程度上是指一个人所拥有的通用技能与所从事的职业所匹配的程度。职业能力是职业胜任的必要条件，不同的职业对能力有不同的要求。对于职业能力，每个人都有自己的优势和劣势，应注意能力类型和职业相匹配，如有的人擅长形象思维，有的人擅长逻辑思维，还有的人擅长具体行动思维，如果不考虑能力类型，所从事职业与能力不匹配，则效果不好。

职业实践促进职业能力的提高。个体职业能力只有在实际工作中才能得到不断提高和强化。个体职业能力越强，则各种能力就越可以得到综合发展，同时也就越能促进人在职业活动中的创造和提高，最终给个人带来更多的职业成就感。

一个人在职场中要获得成功，关键不仅在于他的专业技能，还在于他所具有的通用技能。良好的通用技能是个人事业成功的基础，是大学生进入企业的"金钥匙"。从某种意义上说，通用技能有时比专业技能更为重要。通用技能是大学生应有的基本能力，是能应用在各种情境下的能力。大学生只具备专业技能是不够的，还需要具有一定的通用技能。一般来说，大学生应重点培养满足社会需要的语言表达、社会适应、人际交往、沟通协调等能力。

1. 语言表达能力

语言表达能力是现代人才必备的基本素质之一，是指运用语言阐明自己的观点、意见或抒发情感的能力。在现代社会，由于经济的迅猛发展，人们之间的交往日益频繁，语言表达能力的重要性也日益增强，好口才越来越被认为是现代人所应具有的必备能力。日常生活中，我们经常能看到或听到一些人不能很好地表达自己的思想与看法，语言表达中常见的四种错误有冗长平淡、方言太重、含糊不清、多口头禅。而善于说话的人，在表达的时候，往往能发现别人的优点，善于倾听、引导，沟通时真诚、幽默，能够在适当的时候明确地表达自己的意愿。

好的语言表达，要遵守3个原则：①清楚。表达者不但要自己清楚，还要能让对方清楚。②易懂。不但要让对方听到了，听清楚了，更要听懂了，表达效果的标准不是你讲清楚了，而是他听明白了。③吸引力。表达时要精心准备，文字内容丰富，具有吸引力才更有魅力。语言表达的7项注意事项：①切忌渲染过度和冗长；②慎用专业术语，要讲大家都能听得懂的话；③注意语态的运用，如主动语态和被动语态；④注意词语的隐含意义，如简称、同音词等；⑤注意修饰语的作用，如定性词、定量词、复数词等；⑥注意语气词的使用，包括使用语气词时的语境、语调、语音；⑦注意口语，避免在语言表达时出现高频率的口语化语言，如"那个""哦"等。

2. 社会适应能力

社会适应能力是一个人素质和能力的综合反映。大学生社会适应是个体在与社会环境的交互作用中，以追求与社会环境维持和谐平衡关系的过程。社会适应能力差已成为当前许多大学生的一个通病，他们通常不能有效处理与周围环境的关系，不敢面对挑战，不敢正视社会现实，或者逃避现实，沉溺于个人的幻想之中，或者怨天尤人，把责任统统推给社会和他人，甚至采取反社会的态度，无法适应社会生活。

培养大学生社会适应能力是社会发展的要求，是大学生社会化的重要目的，也是大学生自我发展的需要，有利于大学生个性的形成和完善，有利于培养和发展健康的心理。而社会适应能力的强弱直接影响大学生未来的发展，适应能力强的人能够顺势应变，与时俱进，很快进入角色，如鱼得水，而适应能力弱的人则与社会的文化背景、工作环境、人际关系产生强烈抵触，经历了矛盾、冲撞后心力交瘁，乃至"头破血流"，才能适应环境。

大学生的社会适应能力是可以培养和提高的，我们只要在日常生活中注重以下几个方面，便会逐渐把自己调整到一个较好的社会适应状态。

（1）正确评价自我，学会做人。古人云"人贵有自知之明"。经常保持积极的心态，充分了解自己的缺点和不足，使自己远离骄傲，不忘追求进取。

（2）积极参加社会实践，主动参与社会活动。当代大学生多数是从学校到学校，缺乏在社会实践中的锻炼。这就要求大学生自觉参加各种社会实践，以丰富感性认识，磨炼意志，在实践中提高社会适应能力。

（3）加强社会适应，建立和谐的人际关系。对社会的适应主要是对人际关系的适应。有了良好的人际关系，才能得到尽量多的社会支持，才会有归属感和安全感，心情才能愉快。在学习上应重视培养自己的自学能力和判断能力，学会科学用脑，掌握科学的学习方法，能独立思考问题；交往上应注意交往对象和交往方式，不要良莠不分，什么样的朋友都交，也不要孤芳自赏，拒人于千里之外；在生活中要学会克服挫折、困难，培养自己独立处理问题的能力和承受挫折的能力。

3. 人际交往能力

人际交往能力是指在一个团体或群体内与他人和谐相处的能力。美国哈佛大学就业指导小组曾对几千名被解雇的人员进行过综合调查，发现其中因人际关系不好而离职的，比不称职而离职的人高出两倍多；因人际关系不好无法施展其才华的占到90%以上。根据管理学家的估计，在工作失败的人中，80%的原因不是因为他们的专业能力或工作动机不够，而是他们无法与他人一起工作，无法与他人好好相处。大学生在大学阶段需要处理的人际关系主要有师生关系、同学关系、社团关系、老乡关系、与父母的关系等。

大学生想要建立良好的人际关系，要掌握人际交往的几个基本原则，即平等的原则、相容的原则、互利的原则、信用的原则和宽容的原则；要熟练运用人际交往的技巧记住别人的姓名，主动与人打招呼，给人以平易近人的印象；举止大方，坦然自若，激发交往动机；培养开朗、活泼的个性，让对方觉得和你在一起是愉快的；培养幽默风趣的言行，给人以美的享受；做到心平气和，不乱发牢骚；要注意语言的魅力，对不同的人群使用不同的语言；处事果断、富有主见、精神饱满、充满自信；此外，还要提高对环境的辨析能力、对别人心理动态的观察力，识人交友、亲疏有度。在处理职场人际关系时，对上司，要先尊重，后磨合；对同事，多理解，慎支持；对下属，重引导，多关心；对合作伙伴，擅交际，勤联络；对竞争对手，露齿一笑，而非时刻抱有敌对的态度。遇到人际冲突时，首先要妥协，退一步海阔天空，对事不对人，不搞人身攻击，加强谈心交流；其次要学会协作，争取共赢，强调共同目标，寻求合作的新选择，注重公平。

4.沟通协调能力

沟通协调能力是一个人的核心竞争力所在，主要是指通过情感、态度、思想、观点等各种信息的交流，控制、激励和协调他人的活动，使之相互配合，从而建立良好协作关系的能力。提高沟通能力，应注意两方面：一是提高理解别人的能力；二是增加别人理解自己的可能性。沟通的方式有多种，可分为口头沟通、书面沟通和非言语沟通。梅瑞边（Mehrabian）和他的同事进行过一项研究，判断人们用什么线索来判断他人是否喜欢自己，结果发现这种印象只有7%是通过言语获得的，38%是通过嗓音线索获得的，而有55%则是通过面部表情获得的。这也说明了非言语沟通的重要性。我们在日常的交流中，可以有意地使用一些沟通技巧来提高沟通协调能力，如有意识地使用身体语言、小心使用术语、坦白承认自己的感觉、使用开放性的问题、耐心倾听、找出异议、建设性地反对、同理心式的回应等。

三、大学生职业素质中的知识要素

大学生职业素质中的知识要素即专业知识技能，主要指掌握知识的能力、运用知识的熟练程度和准确程度等专业能力，包括专业知识和专业技能。专业知识是专业能力的基础和依托，专业知识的学习在专业能力中占有重要的地位。专业技能是指依据专业培养目标，通过一定的实践训练，使学习者熟练掌握专门技术及其运用能力，可以分为基础技能和专项技能。不同职业对从业者的技能掌握有着不同的要求，如教师要求具有表述技能、书写技能、信息处理技能、标准的普通话和良好的语言表达能力、扎实的三笔（钢笔、粉笔、毛笔）一画基本功以及应用现代教学媒体的能力等；而公务人员则要求具有良好的语言、组织管理、文字书写、计算机管理等能力；IT人员则要求具有编程、网络维护、动漫设计、计算机系统分析和设计等能力。

（一）知识要素的分类

对于大学生来说，专业技能是指按照专业人才培养目标的总体要求，通过一定的实践活动训练所必须掌握的专门技术及其运用能力，是专业培养目标与培养规格在能力方面的具体化。大学生专业技能的培养应该从学校开始做起。专业能力的培养建立在主动学习的基础之上，实现充分利用课堂内学习机会与重视课外自身培养的完美结合。

课内学习过程中，大学生要充分利用学院现有的丰富的教学资源和条件，最大限度地学习知识，主动参与到课堂中的讨论、练习（包括口头、书面）、实际操作（模仿性和创造性的）等活动中去。

除了学校课程外，大学生要充分利用机会深入实际锻炼自己，如社会调查、社团活动、学校组织的各项集体实践活动（如参观企业、到单位实习等），要虚心向有经验的人学习。同时，在实践中培养分析问题、解决问题的能力。通过各方面实践锻炼，找到自己的不足之处，抓紧在校期间进行弥补。专业技能除了通过正式的专业教育之外，还能通过课外培训、辅导班、资格认证考试、专业会议、讲座或研讨会、自学、爱好、娱乐休闲、就职单位上岗培训等途径学到。

大学生专业技能是大学生专业素养的重要组成部分，主要指大学生运用所掌握的专业理论和相关专业知识，分析问题和解决问题的能力。专业技能主要包括学习能力、知识应用能力、专业表达能力、动手能力、研究与创新能力等诸多方面，具体如下。

1. 学习能力

学习能力是指自我学习新技术、及时更新知识与能力结构的能力。现代社会知识更新速度不断加快，对于大学生而言，提高学习能力是促成自身专业可持续发展的根本所在。

2. 知识应用能力

知识应用能力即运用专业知识解决生产实践中所遇到的问题，使科学技术从知识形态转化为生产力的现实形态，从而形成新的生产力的能力。

3. 专业表达能力

表达能力是借助各种媒介，如语言、文字、图表、数理符号等交流信息、表达思想情感的本领，它包括语言表达能力、写作（包括外文写作）能力、图表表达能力和数字表达能力等。对于专业技术人员而言，专业表达能力是指善于把自己的研究成果、设计方案、思想情感，用恰当的方式准确而清晰地表达出来，并为他人理解。

4. 动手能力

这里的动手能力是指在自身的专业领域内，借助生产设备、仪器，运用相应的生产工具完成特定工作任务的能力。当前一些用人单位对大学生的实际动手能力颇有微词，认为许多大学生都欠缺动手能力，因此实践动手能力的培养应引起大学生的格外重视。

5. 研究与创新能力

这是指能运用科学研究的正确方法，对所获取的信息进行加工，同时获取新知识的思维能力、逻辑推理能力、准确判断能力和概括提炼能力，这也是大学生以后在专业发展的实践中有所突破、产生新技术与新产品的关键。

6. 预知专业未来发展的能力

这里的预知能力是指对未来发展敏锐的感知能力。现代社会，新技术、新产品不断涌现，对行业未来的发展审时度势并敏锐地捕捉发展的机遇，对于专业人员显得非常重要。因此，大学生应培养敏锐的洞察能力，为将来的创业打下良好的基础。

（二）知识要素与所学专业课程的关系

大学生在求学阶段开始探索确立职业目标后，就需要为之做各方面的准备。需要注意的是，职业目标不能狭隘地理解为一份单纯的工作，应把它与个人的人生目标相结合来考虑。所以，大学生在确立职业目标时还需要充分考虑个人的基本情况，如内部信息，包括价值观、兴趣、能力、知识等；外部信息，包括人际关系、经济状况、父母期望、劳动力供求关系、岗位能力和素质要求、工作地点、企业文化等。

在进行专业课程学习时，应对职业发展目标有明确认识和预期规划，并根据这一目标来组织专业学习和素质技能锻炼，在自我提升中，使知识、技能、经验以及身体状况能够适应职业结构及外界环境的快速变化。

因为大学生专业知识具有时代性、综合性、开放性等特征，所以在建构知识结构时要把握以下几点。

1. 要树立知识资本的新概念

知识转化为应用的程度决定了经济的发展速度和能力，知识在创造财富的过程中所发挥的价值日益提升，成为重要的资源。正是这种观念的兴盛，企业的人才战才愈演愈烈，一个人如果拥有了为知识产权保护的专利权、著作权以及他所拥有的知识和运用知识的能力，就会在企业的发展中占据资本的重要地位，形成与资金等价的发展贡献点。大学生要在将来的激烈竞争中站稳脚跟，甚至实现更高的职业理想，就必须树立知识资本的观念，重视完善自身知识结构。

2. 要树立知识管理的新观念

知识管理被人们高度重视，成为企业的重要管理项目，特别在技术密集型企业，知识管理的存在与否将直接影响企业核心竞争力的形成。但是，任何知识管理系统或知识管理平台其实都只能起到文档记录的作用，要发挥知识的作用，最终还要发挥个人的作用。那么，关注个人的知识管理，就能在知识运用上找到更多的机会，最大限度地发挥个人的价值。个人知识管理的核心目标是使知识资本得以体现和增值，要求大学生在理解学习的动机、社会的需求，培养运用知识能力的前提下，不只是进行阅读上的积累，更重要的是找到知识增值的有效方法，提高可持续发展的能力。

3. 要处理好职业理想和社会需求的关系

许多人认为最佳的知识结构来自社会需求，从职业场所观察热门行业所在，"电脑热"的时候拼命学电脑，"MBA 热"的时候又拼命学 MBA。从宏观上讲，以市场为导向的这种知识结构调整是有一定道理的，也能使人才的供需得到更好的平衡，但就个体而言，更需要结合自己的优势来安排。在个人知识管理这个问题上，不能简单地从市场需求出发，要发挥个人潜能，并把个人的兴趣爱好融合在事业之中才是更好的管理目标。也就是说，个人知识管理的动机应该是最大限度地发挥个人潜能。

4. 要合理评估自己的知识结构和知识价值

管理学中有一条黄金定律，称为"木桶定律"，它描述了水桶能装多少水由最短的那块木板决定。要提高木桶的装水量有两种方法，一种是把"短板"加高，另一种是把木桶倾斜。加高最短的木板对提高水的容量肯定是最有效的；而把木桶倾斜是否能取得效果则要看这块"短板"所在的位置及比例，因为把木桶倾斜最多只能装半桶水。因此，把"短板"加高才是最好的方法。在个人知识结构方面，这条定律同样成立，个人知识的发挥机会与其知识结构直接相关，并且总是存在瓶颈，在能力发挥方面会受到制约。要想构建合理的知识结构，优先吸纳的也应该是知识结构方面的"短板"。因此，只有对自己的知识结构和知识价值进行合理的评估，才能尽快找到自己的"短板"，并及时加以弥补。

5. 要处理好知识积累与知识应用的关系

知识积累的价值最终要体现在运用上，正如企业实现价值的最后一步是销售一样。在个人知识结构优化上，不能只关注知识积累，还要关注知识能量的释放。知识应用体现在整个学习过程中，包括进行实验、课程设计、毕业设计、生产实习、社会实践等。知识应用的过程不仅可以帮助我们对知识进行再加工，形成应用知识的规则意识，还会帮助我们纠正知识积累过程中出现的偏差，进一步指导我们对知识结构进行整理和优化。"不怕没有知识，就怕没有常识"，学习知识的最终目的就是要把知识变为我们自身拥有的常识，因为常识更能被我们自觉地运用，其效能也就更高，一个人的知识体系其实是可能转化为其常识体系的，不断运用知识的过程就是把知识内化为常识的过程，常识越多运用能力也就越强。

6. 要做到勤于思考善于学习

勤思考才能发现问题，勤思考才能出成果。思考是建立在原有知识基础上的，将原有的知识进行一定的组合形成新知。一些尖端科技也是在已有知识的前提下，利用系统工程的理论，将它们重新组合得来的。要建立合理的知识结构，必须善于学习，选择新的学习方式，敢于质疑，勇于试错。质疑是创造发明的开端，牛顿就是问自己"苹果为什么往地上掉而不是往天上飞"才引出他的万有引力定律的。因此，拥有了知识，还应该经常设置疑问。

建立合理的知识结构是一个有意识的、自觉的、长期的实践过程，是渐进的，只有开始而没有终点的过程，没有捷径可走，其基本途径只能是学习和积累，必须持续不断地付出艰辛的劳动。每一位大学生只有采取适合自己的科学方法，并且不断努力，刻苦耕耘，才能建立和完善自己的知识结构，为顺利地成才打下良好的基础。

第三节 提升大学生职业素养的重要意义

职业素养对于大学生成功就业和职业发展具有重大意义，对于高校人才培养目标和经济社会发展需要具有重要的推动作用。但在现实生活中，当代大学生的职业素养不容乐观，对大学生职业素养的培育存在重视不够、措施不力、效果不佳等问题。

一、大学生职业素养培育的现存问题

高校是大学生职业素养培育的重要场所，课堂是大学生职业素养培育的主要渠道，教师是大学生职业素养培育的关键，大学生自身是大学生职业素养培育的主体。当前，这几个方面存在的主要问题如下。

（一）高校缺乏资源整合与整体规划

职业素养本身就是各因素综合的体现，高校的职业素养教育应是全员、全过程、全方位育人的紧密结合，然而目前一些高校内外资源整合不够，如高校就业指导中心、教务处、学生处都较为注重学生综合职业能力的提高，但往往各部门没有形成资源整合，未发挥优势互补与合力作用。缺乏校内外资源的有机联系，未充分实现高校同地方政府、行业企业、社会团体的合作与联系，未能将社会资源转化为职业素质育人资源。

（二）课堂作用发挥效果有待提升

职业生涯规划课程是高校开展大学生就业创业培训、提升职业技能及规划人生的基本途径，虽然大多数高校都开设了职业生涯规划课程，但其重视程度不一，存在流于形式、教材陈旧、无学分、缺乏针对性、未结合专业、教学内容枯燥、缺乏实践体验、教学时间短、实效性不强等问题。考虑到学生专业性质的问题，二级学院应该成为大学生职业生涯规划课程教学的责任主体。

（三）教师队伍建设严重不足

大学生职业生涯规划课程是一门实践性、应用性很强的学科，然而一些高校开设的职业生涯规划课程属于公共课，且某些高校没有学分，承担学生职业规划课程的教师人数较少，还没有一支专业化水平较高的教师团队。一些高校的职业生涯规划教师由兼职老师担任，缺乏系统的研究与培训，很难根据学生的专业进行深入的讲解、科学的课程设计与针对性的职业生涯规划。学校给指导教师提供的教学资源、培训进修机会有限，造成了职业生涯规划师资力量较为薄弱，影响了职业生涯规划教育教学效果与质量。

（四）学生自身的主动性缺乏

著名心理学家麦克利提出的"冰山模型"中，将个人素质的表现形式划分为包含基本知识、基本技能等"水面以上部分"及包含个性、价值观、态度与动机等"水面以下部分"因素。如将大学生职业素质用于"冰山模型"中，职业知识与职业技能代表水面以上部分因素，是显性的职业素质，具有易发现、易测量、易实施及易完成等特征，而职业态度、价值观、动机、品质才是大学生内在的、能对职业生涯起决定作用的主导因素。因此，大学生职业素养的培养应该着眼于整座"冰山"，并以培养显性职业素养为基础，重点培养隐性职业素养。当然，这个培养过程不是学校、学生、企业哪一方能够单独完成的，而应该由三方共同协作，实现"三方共赢"。

二、提高大学生职业素养的重要意义

大学生职业素养涉及学生、学校、用人单位、社会、政府等多个主体。提高大学生职业素养的重要意义主要体现在以下三个方面。

（一）顺应学生的职业发展需要

大学生在选择专业时，往往带有一定的盲目性，对自己的职业发展没有准确的定位，同时缺乏吃苦耐劳精神和团队合作意识。各行业都有自身的行业技能要求，但是各行业对职业人的基本职业素质要求却是一致的。从大学生入校前的素质现状来看，距离企业对大学生职业素质的需求还相差太远，这给高等院校学生职业素质培育提出了更高的要求。因此，高等院校在培育学生获得相应领域的必备技能之外，还要帮助学生树立正确的职业理想、职业道德、职业意识及职业行为习惯，从而促进学生职业生涯良好发展，提升学生自身的就业竞争力。

（二）契合高等院校人才培育目标的要求

当前，我国高等院校的主体是地方高校，其主要办学目标是培育适应社会生产发展的高素质应用型人才。高等院校在教学中要以促进学生德智体美劳全面发展为目标，同时要求学生具备某一职业所需要的发展技能。因此，高等院校在培育应用型人才时，不仅要关注学生的知识和技能，更要关注学生其他方面的素质，全面提升人才培育质量。

（三）满足社会发展及企业对人才培育的需求

随着社会经济的发展，企业对劳动者的数量及质量都提出了新的要求，大学生就业难问题是当今社会比较关注的热门话题。企业找不到满意的人选，大学生找不到满意的工作，最主要的原因就是企业的用人要求与学生的实际素质存在一定的差距。现今企业的用人标准是"德才兼备、以德为先"，而良好的职业素养正是"德"的重要组成部分，所以企业在招聘时，不仅注重大学生的专业技能，更加看重大学生的职业素质，如团队协作意识、爱岗敬业精神、对企业的忠诚度、责任感及创新能力等。因此，以就业为导向培育出具有良好职业素质的大学毕业生更符合高等院校、学生及企业的长远发展需要。

第四节　大学生职业素养的提升方法

在唯物辩证法中，内外因作用原理表明事物的发展是内外因共同起作用的结果，内因是事物发展的根据，它是第一位的，它决定着事物发展的基本趋向；外因是事物发展的外部条件，它是第二位的，它对事物的发展起着加速或延缓的作用，外因必须通过内因而起作用。大学生职业素养的提升必须充分考虑到主体与环境、外因与内因等各方面因素，营造促进大学生职业素养提升的氛围，创造大学生职业素养提升的条件，实现大学生职业素养提升的目标。

一、注重系统性，高校要制定科学的培养方案

高校是育人的主体，课程是培养大学生职业素养的主要渠道。高校必须高度重视，制定科学、完整、系统的职业素养培养方案，通过体系化的培养达成目标的实现。职业行为和职业技能等显性职业素养比较容易通过教育和培训获得。培养方案是高校育人宗旨的体现，是育人目标达成的前提条件。高校的培养方案具有强烈的针对性，需要充分考虑学生情况、社会需要和专业发展制订，必须使学生获得系统化的基础知识及专业知识，加强学生对专业的认知和知识的运用，并使学生养成学习习惯，获得知识和技能，为将来职业需要做好储备。

职业道德、职业态度、职业作风等方面的隐性素养是大学生职业素养的核心内容。核心职业素养体现在很多方面，如独立性、责任心、敬业精神、团队意识、职业操守等。事实表明，很多大学生在这些方面存在不足。调查发现，缺乏独立性、会抢风头、不愿下基层吃苦等表现容易断送大学生的前程。如厦门博格管理咨询公司的郑甫弘在他所进行的一次招聘中，一位来自上海某名牌大学的女生在中文笔试和外语口试中都很优秀，但在最后一轮面试被淘汰。他说"我最后不经意地问她，你可能被安排在大客户经理助理的岗位，但你的户口能否进深圳还需再争取，你愿意么"，结果，她犹豫片刻回答说"先回去和父母商量再决定"。缺乏独立性使她失去了工作机会。而喜欢抢风头的人被认为没有团队合作精神，用人单位也不喜欢。

如今，很多大学生生长在"6+1"的独生子女家庭，因此在独立性、承担责任、与人分享等方面都存在不足，相反他们爱出风头、容易受伤。因此，大学生应该有意识地在学校的学习和生活中主动培养独立性、学会分享、感恩、勇于承担责任，不要把错误和责任都归咎于他人。自己摔倒了不能怪路不好，要先检讨自己，承认自己的错误和不足。这些需要高校通过第一课堂、第二课堂相互衔接，实现对大学生职业素养的全面培养。

二、加强规划性，大学生要保持清醒的职业意识

雷恩·吉尔森说："一个人花在影响自己未来命运的工作选择上的精力，竟比花在购买穿了一年就会扔掉的衣服上的心思要少得多，这是一件多么奇怪的事情，尤其是当他未来的幸福和富足要全部依赖于这份工作时。"很多高中毕业生在跨进大学校门之时就认为已经完成了学习任务，可以在大学里尽情地"享受"了。这正是他们在就业时感到压力的根源。

清华大学的樊富珉教授认为，中国有69%~80%的大学生对未来职业没有规划、就业时容易感到压力。中国社会调查所最近完成的一项在校大学生心理健康状况调查显示，75%的大学生认为压力主要来源于社会就业。50%的大学生对于自己毕业后的发展前途感到迷茫，没有目标；41.7%的大学生表示目前没考虑太多；只有8.3%的人对自己的未来有明确的目标并且充满信心。

培养职业意识就是要对自己的未来有规划。因此，大学期间，每个大学生应明确我是一个什么样的人？我将来想做什么？我能做什么？环境能支持我做什么？着重解决一个问题，就是认识自己的个性特征，包括自己的气质、性格和能力以及自己的个性倾向，包括兴趣、动机、需要、价值观等。据此来确定自己的个性是否与理想的职业相符，对自己的优势和不足有一个比较客观的认识，结合环境（如市场需要、社会资源等）确定自己的发展方向和行业选择范围，明确职业发展目标。

三、提高执行力，大学生要充分用好学校和社会提供的各类平台

目标确定后，就需要制定可行的方案，并严格执行。执行过程中，要充分利用好各类平台，不断提升自己各方面的素质和能力。

（一）用好第一课堂

在职业素养培育过程中，高等院校和大学生都不能忽视第一课堂的作用。一方面，

高等院校积极开设专门的职业素养课程，使不同专业的大学生对将来要从事的职业有更深刻的了解，提前做好职业生涯规划；另一方面，高等院校通过礼仪、心理健康教育、沟通与协作等职业素养课程，让学生提前认识职场与社会，从而帮助学生形成正确的职业价值观。全体教师在所有课程中都要不断地向学生渗透思想教育，通过自身的言传身教带动学生。大学生要在教师的课堂教学中深刻理解教师的专业知识与人格榜样，有意识地培育自己的服务意识、团队意识和责任意识，将第一课堂作为个人知识拓展、能力提高、素质提升、素养培育的重要途径。

（二）用足第二课堂

第二课堂是第一课堂的有效补充，主要包括报告讲座、竞赛活动、学生组织和社会实践活动等类型。

1. 多听报告讲座

讲座是大学为你提供的最直接的能力提高方式。报告讲座主要作用体现在以下几点。

（1）最迅捷的获取思想营养的方式。这个时代是需要眼观六路的，但同时信息的杂陈又让人无所适从。听讲座，尤其是听高质量的讲座，种种信息都被优质的大脑过滤、梳理了，听者可以高效率地吸收知识。

（2）激起人的学习兴趣。讲座的内容大多是前沿资讯或讲者经验与心得，也许内容非听者曾涉猎，如果听者能从讲座中找到自己感兴趣的内容加以学习，那讲座的目的也就达到了。

（3）转化思维模式。如果你有一个固定的思维模式，而你已经开始觉得要打破这个模式，那听一场相关的讲座会让你受益匪浅，听"牛人"的演讲，揣测他们的思维方法并加以学习不失为一个好方法。

（4）思想碰撞的机会。大学生难得有机会可以和专家、学者进行面对面的交流，讲座就提供了这样的机会，在观众提问环节能有针对性地向讲者提问题，解答自己心里疑问的同时也听听专家的看法。

2. 多参与各类竞赛

学科竞赛是大学生将理论知识向实践转化最便捷有效的方式，参与各类学科竞赛对于知识的学习具有重要作用。如全国性的"全国大学生数学建模竞赛""全国大学生广告艺术大赛""CCTV 杯全国演讲大赛"，它们不仅考验专业上的能力，也是提高各种基本能力的极佳机会。数学建模竞赛是以三人一组的形式参赛的，大学生的团队分工协作、交流沟通的能力在这过程中必然会得到锻炼；广告艺术大赛中，大学生的创新能力、实际操作能力将得到充分的发挥；英语演讲大赛与辩论赛，对大学生的沟通与理解能力将起到重要的作用。无论是学校层面还是院系层面，各级各类学生组织开展的竞赛活动，如征文、书画、演讲、辩论、朗诵、歌手大赛等文艺类比赛，还是体育类竞赛，抑或专业性比赛，对于大学生的锻炼都是全方位的，是个人成长不可多得的机会。

3.多参与学生组织

学生组织尤其是学生社团，是大学校园生活中一道亮丽的风景线。一个学生组织的结构，上有负责人，下有会员，有周期计划，有活动的对象，正像一个简单的企业。因此，学生组织其实也是社会结构的一个缩影，参加学生组织对于大学生非专业技能的提升具有重要作用。通过学生组织可以培养大学生的大局观念、协同意识、相互尊重、彼此包容、沟通表达、诚实守信、创新创造等各方面的素质和能力。

（三）用活第三课堂

第三课堂是第一课堂、第二课堂的延续，是对校园教育教学活动在空间上的拓展，主要包括实习实训、社会实践与公益活动等。

社会化贯穿于人的整个生命历程，是每个人必须面对和经历的。大学生社会化的成功与否，直接关系到他们能否成长成才与健康发展，甚至关系到他们一生的命运。实习实训、社会实践、公益活动是大学生成长成才的重要途径，是培养学生的社会责任感及吃苦耐劳的精神、提高大学生职业素养的有效载体。

（1）第三课堂由于其自由度更高，能够更好地提高大学生对经济和社会发展现状的认识，实现书本知识和实践知识的更好结合，帮助其树立正确的世界观、人生观和价值观。

（2）第三课堂由于其开展形式更为灵活，能够更好地提升大学生的沟通表达能力、组织协调能力、团队合作意识，进而提高其社会化技能，提升其社会化语言、行为、思维技能。

（3）第三课堂由于其工作环境的现实性，能够更好地帮助大学生实现社会角色的转变，强化其角色类型的分辨能力、角色扮演心态的健全能力、角色的适应能力；能够更好地提高大学生的实际工作能力，如心理承受能力、适应能力、人际交往能力、组织管理能力、团队协调能力和应变创新能力等；能够更好地帮助大学生树立正确的择业观，使他们消除心理误区，寻找到社会与自身发展的最佳结合点。

（4）第三课堂由于其效果的直接性，能够更好地减少企业在学生就业初期的培训成本，同时也增强了企业对大学生的接受度和提升了大学生的就业率。

平台是学校、家庭、社会、政府等各类主体提供的，而使用只能依靠个人。作为一名新时代的大学生，应该在学校及教师的引导下，加强自我管理，不断提升个人职业素养。首先，从入学开始就明确自己所学专业目标，以及了解自己将来要从事的职业，提前树立职业理想，从而有的放矢地提升自我修养，让职业素养培育成为自身的内在需求和自主行为；其次，积极参与各项社会活动，培养吃苦耐劳的精神，磨炼意志，学会与人沟通协调，树立团队合作意识，从而不断提升自己的职业素养。

第五章　大学生职业素养的培养

第一节　专业技能

随着科学技术的迅猛发展，各类职业对从业者专业技能的要求越来越高。从业者既要具备扎实的基础知识，又要具备精湛的专业知识和技能，这样才能更好地打造个人的核心竞争力。

一、专业技能概述

（一）专业技能的含义

专业技能是指将所掌握的专业理论知识综合地运用于实践的能力。作为用人单位招聘大学生考察的第一项内容，专业技能水平的高低是大学生求职就业成功与否的首要因素。因此，熟练掌握与自己职业目标相关的专业知识和专业技能，在质、量上都要达到相关职业的要求，是大学生提升职业素养的重要内容。

（二）专业知识与专业技能的关系

专业知识指理论知识，专业技能指实际操作能力。知识学习是技能养成的基础，知识越丰富，越有利于接受新事物，越有利于提高综合分析和判断、解决问题的能力。但是，知识学习绝不能代替技能的训练，熟练的技能一定要在长期不断的训练和实践中才能获得。技能在很大程度上受到后天的学习与实践因素的影响，专业技能是可以通过强化训练而在短期内提高，但是也会由于遗忘而丧失。不同的职业、不同的岗位对于技能的要求是不同的。例如，管理人员应具备的是从事管理的一般能力，包括数量关系、判断推理、常识判断、言语理解与表达、资料分析等。同时，还要求其有一定的领导理论、办公规则、工作惯例，对时事有透彻的理解。值得注意的是，这里所要求的技能，主要表现为将知识经验转化为工作能力的程度，以及运用知识经验的程度。

因此，专业知识与专业技能相互联系、互相促进、不可分割。我们既要用理论指导实践，又要用实践来促进对知识的理解。

二、大学生在专业技能学习中存在的认识误区

当前，有些大学生信奉"能力比知识更重要"这一信条，认为只要能力强，不管专业知识技能掌握得如何都能找到比较理想的工作，导致他们把大量的时间和精力用于做家教、参加社团或组织学生活动等，因而不重视专业知识的学习和专业技能的训练，把参加活动以提高能力作为主要的目标属于舍本求源的做法。其实，用人单位往往更愿意录用专业对口的大学生，更愿意录用专业知识精湛的大学生，如果一个大学生各门功课成绩都不佳，他将成为被淘汰的对象。有一些学生却认为，自己所学的专业不热门，找工作时没有优势。因此，他们在校期间热衷于学外语、计算机等热门专业，考取各种证书，忽视了对自己所学专业的理论知识的学习，不能从全面发展来要求自身。

这些误区直接导致大学生对自己专业学习思想不稳定，产生迷茫、困惑、烦躁的情绪，给专业知识的学习造成了极大的障碍，不利于大学生沉下心来打好专业知识的基础。大学生就业后成为相关职业领域的专门人才，如果没有深厚的专业知识功底和过硬的实践能力，也就不称其为专门人才。尽管在就业过程中会出现专业不对口的现象，专业知识仍然是从业者具备的隐性优势。

因此，已步入大学校园的大学生需要注意以下几点：①理性思考自己所学的专业，坚定专业方向，调动自己的学习热情，树立积极正确的专业学习思想，避免出现认识上的误区；②努力适应大学阶段学习方式、方法和环境的改变，积极寻找适合自己的学习方法，尽快进入专业知识的学习。

只要拥有丰富的专业知识及相关能力，在任何领域都可以成就一番事业。

三、培养和提高专业技能的主要途径

（一）重视课堂学习

课堂学习是指在课堂听取教师对知识的讲解、观察教师对技能的演示，从而理解、掌握，进而形成自己的知识和技能。

课堂是大学生进行专业技能学习的主要场所。授课教师本身掌握了扎实的学科专业知识，在讲授一门课时还需要准备、参阅大量相关的资料和知识，之后浓缩在一堂课的讲授中，信息量非常大，而且教师在教学实践中积累了丰富的经验，了解大学生的学习心理和规律，这些都保证了教师能用科学的教学原则和教学方法，把人类总结出来的知识高效率地传授给学生，并巧妙地培养学生的各种能力，因此课堂学习是不可代替的学习的基本方式，是一种高效率获取知识的学习途径，大学生应该重视课堂学习，课前做好预习，课中集中精力听课，课后注意复习和扩展性、关联性阅读。而

且课堂学习是一种集体学习，尤其在师生互动交流的过程中，还可以激发参与者的积极性和创造力，产生智慧的碰撞和火花，这是靠个体自学不可能达到的效果。因此，大学生要学会将课堂学习和自学结合起来，提高学习效率。

（二）培养和增强对专业的兴趣

兴趣是最好的老师，每个人都会对自己感兴趣的事物给予优先的注意和积极的探索，表现出自觉自愿，并从中感到愉悦、放松和乐趣。当人们对某个问题感兴趣时，就会促使他经常和主动感知、思索这方面的问题或现象，并努力进行观察和研究，排除一切困难积极从事相关活动。兴趣能使人思想活跃、观察敏锐、注意力持久恒定，从而促进灵感的出现和创造性思维的产生。以下是培养和增强兴趣的方法。

1. 积极期望

积极期望就是从改善自身的心理状态入手，对自己选择的学科专业充满信心，相信该学科专业是非常有趣的。这样，想象中的"兴趣"会推动自己认真学习该学科专业的知识，从而导致对此学科专业真正感兴趣。

2. 要有目标意识

目标不仅是提供行为的指南，而且对维护个人身心的稳定具有积极的作用。大学生首先要明确自己的学习目的，自觉地对所学的专业知识设定一个恰当的目标。然后将终极目标分解为各个阶段的小目标，并为每一步的目标制订恰当的完成计划和可操作性强的实现步骤，再列出达到每一阶段目标和终极目标的时间表。同时，要在行动中不断反思，纠正努力的方向和达到目标的方法，确保计划的可实现性，确保每一步都是离目标更近，确保自己的学习和努力更有效率。

3. 培养自我成就感，进而培养直接的学习兴趣

在专业学习的过程中，每取得一个小的成功，就进行自我奖赏，达到什么目标，就给自己什么奖励。如有小进步就奖励自己吃一顿好吃的东西等，有大进步则奖励自己去周末旅游等。这样通过渐次奖励来巩固自己的专业学习行为，有助于产生自我成就感，不知不觉就会建立起对专业的直接兴趣。

4. 在解决问题的过程中增强对专业的兴趣

用学得的专业知识解决实际问题，一是能巩固专业知识，二是能检验和修正所学的知识，三是能体现自身的社会价值，并带来自我实现的愉悦情绪，这种愉悦情绪可以增强一个人对专业知识的学习兴趣，进而更加喜欢该学科专业。

（三）不断拓展和优化知识结构

现代社会是信息社会，前沿知识和信息瞬息万变，各类职业都要求从业者能够及时把握本领域和相关领域的专业动态，要能迅速自觉获取反映当今科学技术发展状况

的新知识、新信息，自觉地对自己的专业知识结构进行优化，适应不断变化的环境对职业提出的新要求。

一个人在学校求学阶段获取的知识只是一生中所需知识的一小部分，随着形势的发展、个人经历的变化、教育环境的改变，大学生应该自动地补充、更新专业知识和相关知识，不断完善自己的知识结构，随时进行新知识储备。

（四）参加课外业余培训学习

很多大学生往往会感到自身现有的知识不能很好地帮助其实现顺利就业和职业的发展，而学校又没有相关的资源可以利用。这个时候，我们可以利用业余时间参加社会上一些培训机构举办的相关技能的培训，从而获得自己迫切需要的专业技能。这在目前是一种很实用的获得职业技能的途径，而且在获得技能的同时，还能获得相关部门颁发的资格证书，为职业生涯的发展增加筹码。

（五）提高实践能力

"纸上得来终觉浅，绝知此事要躬行。"实践能力是指能够准确地把握事物的本质，有效地利用资源，提出解决问题的意见，制订并实践解决问题的方案，并适时进行调整和改进，使问题得到解决的能力。

实践能力是大学生掌握的专业知识在实践中的具体运用，专业知识学习的效果直接影响到大学生在解决实际问题时的能力强弱。实践能力是从事各种职业活动都需要的一种社会能力，当今企业非常看重大学生的社会阅历和实践经验。河南省人才交流中心副主任认为，实践能力是人才的核心能力之一。他举例说，在我国大中小型企业的管理者中，严格地说，有90%的人没有本科学历，但他们能够胜任企业主管一职，因为他们有丰富的实践经验。

在毕业生中，有一些学生就是由于专业实践能力差而与自己心仪的就业岗位失之交臂。例如，有的毕业生虽然考过了英语四级，却是"哑巴"英语，根本无法与外宾交流；有的毕业生虽然拿到了计算机二级证书，却不会使用 Excel、Flash 等办公软件。实践能力的缺失将严重阻碍大学生专业技能的施展与发挥。以下几种方式有助于大学生提高实践能力。

1. 积极争取和充分利用各种实习机会，选择与职业目标相对应的行业及岗位实习

目前，很多高校已经开始重视对大学生实践能力的培养，纷纷在校外设立实习基地。实习基地的运行模式一般是产学结合，企业与高校在人才培养、科学研究、项目开发、资源共享等方面达成互惠互利的合作和交流关系。

实习基地的建立给大学生提供了接触社会生产第一线的机会，用见习、实习的方式让学生身处真实的社会工作环境，进行准工作人员的能力锻炼。实践证明，只有让

大学生参与生产实践，才能真正使其了解和认识岗位的性质和工作的内容，促进大学生自觉地将知识应用于实践，切实掌握专业技术。另外，长期系统的实习锻炼还能提高大学生的综合素质。

除了学校建立的实习基地，大学生还可以自觉结合自己的职业目标主动寻找实习岗位，很多企业其实也愿意给即将毕业的大学生提供实习机会，通过实习可以加深用人单位和准毕业生之间的相互了解，大学生应该充分利用这样的机会，为顺利就业打下基础。

2. 参加校内外兼职或者勤工助学活动

在安排和分配好学习任务和工作时间的前提下，参加校内外各种形式的兼职可以帮助大学生提高实践能力，如在学校实验室担任教辅工作，在办公室承担行政助管工作等，校外的兼职一般是临时促销员、代课和家庭教师等。旅游专业的学生可以从事兼职导游工作，高年级学生可以做兼职辅导员，艺术类专业的学生可以参加一些文艺演出，等等。这不仅能够缓解经济压力，而且能够在对专业知识的运用中提高自己的实践能力。

3. 参加社区服务工作

在欧美国家，社会服务是学生的必修课，不仅要记录学分，而且在一些特殊专业中，如果没有社会服务的记录就不能取得从业资格。我国的大学生也可以通过参加社区服务工作或者通过做义工的方式来认识社会，这些活动对帮助大学生树立积极的人生观、价值观，提高大学生实践能力有着不可替代的重要作用。

不同的学科专业、职业类型对从业者有着不同的实践能力的要求。因此，大学生在校期间应该根据自己的特点、兴趣、职业目标等精心选择和参与各种各样的实践活动，在实践中灵活运用专业知识，锻炼、提高自己的实践能力，从而获取不同维度的实践能力，最终达到提升自己的目的。

（六）考取相应的职业资格证书

现代社会存在着许许多多的职业、行业、工种，大学生可以根据自己的职业目标参加相应的职业资格证书的考试。人力资源和社会保障部已经对几百个工种（职业）实行就业准入。通过实行就业准入控制，推行职业资格证书制度，职业技能鉴定机构综合运用多种考试和实际操作考核相结合，全面考核劳动者的职业技能。职业资格证书是劳动者求职、任职和开业的资格凭证，是用人单位聘用劳动者的主要依据。目前全国每年大约有 600 万人参加近千种职业资格考核，累计已有 3800 万人取得了职业资格证书。

第二节　通用技能

高等教育的任务是培养具有创新精神、创新能力和可持续发展的应用型专门人才。高校要达到这样的培养目标，一方面要使大学生拥有专业技能，另一方面要使大学生拥有通用技能。在某种层次上，通用技能也决定着一个人实际能力的高低，一名优秀的大学毕业生，除了掌握扎实的专业技能，更要不断地加强自己通用技能的培养，这样才能在求职择业过程中取得成功。

一、通用技能概述

（一）通用技能的含义

通用技能是相对于专业技能而言的。顾名思义，就是通用性的技能，对于各种职业而言，这种技能都是适用的，能随着个体工作的变化而同时被迁移到新的工作当中，并能很快地产生功效。通用技能不是针对某一具体的职业，而是从事任何职业的人要想取得成功都必须具备的能力，是一种超越具体职业、对人的终身发展具有重大作用的能力，是人们在教育或工作等各种不同的环境中培养出来的可迁移的、从事任何职业都必不可少的跨职业的技能。该技能可以提高人们工作的效率及灵活性、适应性和机动性，是个人获得就业机会、事业发展的重要保障。

（二）通用技能与专业技能的异同

通用技能与专业技能是两个完全不同的概念。专业技能受到工作性质的限制，一门专门的技能可能只有一个单位或是一类行业需要，只能适用于特定的岗位要求，个体离开这个特定的工作岗位，这项技能可能就没有使用的空间了。如网络维护，离开互联网就没有用武之地，因此它的可迁移性很小，不能或是很难被个体带到新的工作岗位中去发挥作用。

通用技能则是个体各种能力的综合体现，这种综合的技能既是个体能够顺利就业的基本前提，也是个体在工作过程中与他人友好相处，充分利用工作资源、保持持续劳动力、获取更大竞争优势、有效维持就业的前提，更是个体在需要的时候重新获得就业的有力保证。

二、通用技能的特征

对大学生而言，通用技能是在校学习期间，学到的所有知识的构成和体现方式，它是一个由许多知识面构成的有序列、有层次的整体知识架构体系，具有自己的特征。

（一）整体性

整体性体现的是通用技能内在的逻辑联系和必然性。通用技能的内在结构和体系由浅入深，由表及里，由个别到一般，这些原理都是符合学习知识的过程，而好高骛远、脱离实际地追求技能的博大精深只能是一种幻想。

（二）相关性

通用技能的相互依赖、相互牵连的内在本质特点体现了其相关性。所有的技能都不是孤立和分散的，一门技能总是和其他的技能有着或多或少、或深或浅的联系，从而构成了技能相互影响、相互促进的互动态势。例如，良好的表达能力是沟通的前提，而表达和沟通又是团队合作的基础。建立自己合理的通用技能结构，必须按照互相影响、互相依赖、互相促进的特征去组合、去建设，要按照自己的人生目标、工作性质的相关要求去学习掌握，而不是按照个人的喜好片面单纯地追求某一单方面的技能。

（三）迁移渗透性

迁移渗透性体现的是通用技能的相互交叉、相互派生的特征。技能不是孤立分散的，相近相关的技能不仅可以互相促进，而且在一定情况下也可以相互转化和派生。尤其是随着新的科学方法和思维观念的出现，技能之间的相互渗透、相互迁移日益增多，交叉学科、边缘学科大量涌现，马克思预言的自然科学奔向社会科学的洪流已经成为现实。

（四）动态性

动态性体现的是通用技能的发展规律，所谓"活到老，学到老"，就是对通用技能动态性特征最通俗的注释。在信息时代，知识的更新更加频繁，一个人去年建立的技能结构，如果今年不去充实更新，它的价值就会降低。只有用动态性原则要求自己，不断在旧有的技能结构中充实新的内容，才能把握更多的机会。

三、九种重要的通用技能

从某种意义上说，通用技能的培养与我们通常所说的素质教育有异曲同工之妙，只是通用技能具有职业教育的特点，通用技能的内涵界定偏重于技能型，它既包括综合职业能力的要求，也包括全面素质的部分要求。

根据我国人力资源研究成果的总结，通用技能大体上可包括以下九个方面的重要内容。

（一）职业道德

职业道德是人们在一定的职业活动中应遵循的、体现一定职业特点的职业行为准则和规范，也是一个人做好岗位工作的根本和思想保证，是专业技能的灵魂，是通用技能的精神支柱。

齐鲁晚报的一则报道：一位公共汽车司机在行车途中突发心脏病猝死，临死前他用最后的力气踩住了刹车，保证了车上十几名乘客的安全，然后他趴在方向盘上离开了人世。他生命的最后举动体现了高尚的职业道德。

在现代社会中，职业道德通过社会舆论和内心信念，弃恶扬善，形成巨大的精神力量。一个人的成功固然需要专业的知识和技能，然而，对于自己所从事的工作如果没有良好的职业道德，即使再聪明的人也会与成功失之交臂。只有德才兼备的人才能在职场中畅行无阻，并且走到哪里都能受到别人的欢迎和赞许。因此，无论什么人，只要他想成就一番事业，就应当具备良好的职业道德。成功离不开职业道德，职业道德是事业成功的必要条件。

（二）自我学习能力

自我学习就是对新知识、新技能的求知和钻研。大学生在学习和实践过程中遇到问题独立解决时所体现的就是自我学习能力。这种能力在学校的表现尚不明显，但在职业环境中，自我学习能力是员工适应环境、发展自我的必备条件。自我学习能力以终身学习为主要特点，以各种学习方法和良好的学习习惯为手段，以学会学习为最终目标。

自我学习能力是人们在学习、工作及日常生活中必须具备的能力，也是动态衡量人才质量高低的标准。现代社会对人的学习能力要求越来越高，应届大学毕业生基本上都要经过系统培训才能具备直接进行业务操作的能力，因此具备良好的学习能力和强烈的求知欲望是用人单位十分重视的，往往也是应聘时用人单位要重点考察的内容之一。

所以，大学生既要培养自己"闻一知十""举一反三"的能力，也要培养在学习和工作中自我归纳、总结，找出自己的强项和弱项，不断进行知识更新和适时进行自我调整的能力。

（三）表达沟通能力

表达沟通能力是通过听说读写等思维载体，利用演讲、会见、对话、讨论、信件等方式将个人思想、观点、意见或建议顺畅地用语言或文字准确、恰当地表达出来，促使对方接受自己的能力。

表达能力包括语言表达能力和文字表达能力，是大学生必须具备的基本能力。作为人与人之间最主要的交流工具，在日常学习、工作和生活中，语言和文字所起的作用不可替代。能够用准确、流畅的语言讲述事实、表达观点，能够撰写计划、总结、调查报告、公函等文书，是用人单位对大学生表达能力的基本要求。大学生可以通过日常训练、参加专门的培训等方式来提高自己的表达能力。

沟通就是信息的传递和理解。沟通技能包括听、说、读、写多种技能。沟通的形式多种多样，最主要的方式是语言沟通，包括口头的和书面的。除了语言，非语言方式也是沟通的重要方式。非语言也常常被称为身体语言，包括衣着、表情、神态、姿势、动作等。例如参加婚礼着装鲜艳，能体现喜庆气氛；参加面试着装整齐、得体，会给考官留下良好的印象。这样就能准确、高效地将信息传递给信息的接收方，并能正确理解对方的信息，这是大学生就业必须具备的能力要求。

（四）人际交往能力

人际交往是指人们为了相互传递信息、交换意见、表达情感和需要等，运用语言、行为等方式而进行的人际联系和人际接触的过程，即通常所说的人际关系。人们在交往的过程中，逐步学到了社会生活所必需的知识、技能、态度等，摆脱了以自我为中心的倾向，意识到集体和社会的存在，学会平等相处和公平竞争，通过交往建立良好的人际关系后，互相拥有的知识、信息得以传播和增值。对于正在学习、成长中的大学生来说，良好的人际交往能力不仅是大学生活的需要，更是将来适应社会的需要。

马克思说：人是各种社会关系的总和。人际交往是人与人、人与社会之间的一种互动，也是人类共同的心理追求，良好的人际交往还是一个人内在素质的体现。一个人思想品德和道德修养往往体现在人际交往之中，别人也往往根据这些表现对一个人做出评价。在人际交往中自信友善、真诚稳重、谦虚谨慎、宽容豁达，真诚地关心别人，留心为别人服务，使用文明礼貌的用语，避免飞短流长，克服自我夸耀和嫉妒心理，寻找与他人的共同点及谈论他人感兴趣的事情都可以增强人际吸引力。

一个人心情愉快，利人利己，与人相处融洽，自然会赢得他人的信任和帮助，扩大与社会的联系面，掌握更多的社会资源，进而有助于个人目标的顺利实现。因此，在其他条件相同的情况下，用人单位往往更愿意接收和使用人际交往能力强的人。

（五）解决问题能力

解决问题的能力是通过已掌握的知识、技能，进行分析、判断，最后在实践中克服当前的障碍，化解矛盾，完成任务的能力。

解决问题的能力所采用的技术和方法没有特别的限定，以最终解决问题为目的，是从事各种职业活动都需要的一种社会能力。这种能力是对理论和技能的综合运用，其最终表现为任务的完成，是显性的，但能力的形成过程是一种内化、沉淀过程，是隐性的，也是实践能力形成的关键。

（六）创新能力

所谓创新，是指在活动中，在事物原来的基础上，为改变事物现状，通过自身努力，创造性地提出新的发现、发明或者改进革新方案。创新能力是指运用已有的知识，以创新思维和技法来开拓新领域，以推动事物不断发展的能力，它是从事各种职业都需要的一种能力。

创新是现代社会发展的生命力所在，是智慧人生的源泉，也是大学生形成自身竞争力的重要支撑，对个人良好人格和素质的形成与发展起到重要作用。创新能力的高低与知识不一定成正比，关键是怎样去运用已经掌握的知识。

在竞争激烈、瞬息万变的时代，大学生应当学会创新学习，在知识经济社会中敏锐地接受新知识。大学生除了在所学专业以外，要善于在非专业领域提升自己的新见解、新思路、新创意的能力。

（七）团队合作能力

团队合作能力是在实际工作中，为达到既定目标，充分理解组织结构、个人职责，并在此基础上与他人相互协调配合的能力。它表现为个人善于与团队其他人沟通协调，能扮演适当角色，勇于承担责任，乐于助人，保持团队的融洽，是个人在工作中与同事和谐共事的能力。

现代社会经济发展的速度越来越快，社会分工越来越细，成员之间的关系越来越密切，无论是个人还是单位，都需要在协作中发展。目前，越来越多的单位意识到团队合作精神的重要性，特别是规模宏大的知名企业往往更加重视员工的团队意识和合作精神，除了平时工作中培养员工的团队合作能力，还要有计划地进行野外拓展训练，以提升员工的团队合作能力。

（八）组织管理能力

组织管理是指成功地运用管理者的知识和能力影响工作的活动，并达到最佳的工作目标。现代科学技术已经综合化、社会化，协作趋势日益增强，大到一个公司，小到一个团队，都需要团结协作，这就要求组织者要具有一定的组织管理能力。

很多招聘单位面试后常有"无领导小组讨论""角色扮演"等情景测试，这就是对应试者的组织管理能力的考验。曾有一位普通院校毕业生，与一个重点院校毕业生和一个研究生同场竞争，在最后的测试环节中普通院校大学生胜出，就是胜在组织管理能力上。在那场"测试"中，组织者没有告诉三个应聘者会采取怎样的方式测试，只是告诉他们，经理一会儿就来，咱们先随意坐着聊点什么。在"闲聊"的过程中，这个普通院校毕业的大学生由于平时参加的社会活动多，经常承担组织管理者的角色，"闲聊"中自然而然地引领着其他两人的话题。当经理出现时，公布录用结果的时候也就到了。

因此，组织管理能力强的人具有对人心的把握与引导能力，容易对他人产生影响力，往往工作有较强的主动性，所以更具有发展潜力和培养价值。

（九）应变能力

应变能力就是善于根据客观情况的变化及时反馈、随机应变地进行调节的能力。应变能力也可以理解为处理突发事件的能力，在紧急情况下，如果事态得不到迅速控制，后果可能不堪设想。这就要求应对者具有一定的应变能力，要临危不乱和快速决断。

应变能力常常体现在工作中，当碰到和同事争执、生产经营失误、生产事故发生等情况时，应变能力发挥着至关重要的作用。事后的措施、想法再完美也无济于事，应变能力体现在能否即时处理妥当上。

现代社会复杂多变，大学生必须要适应这种变化，保证自己从学校到社会的顺利过渡，提高自己的社会适应能力。大学生走上具体工作岗位以后，有些知识用不上，有些知识不够用，很多要从头学起，这就需要刚走向社会的毕业生，根据工作的需要调整自己的知识结构、能力结构以及行为方式，尽快培养自己适应社会的能力。

通用技能所包含的内容很多，除了以上陈述的，还包括计算机操作、外语的应用等。用人单位对大学毕业生的通用技能越来越重视，要求越来越高，表现出一种重视综合素质，而非仅考虑某种素质的趋势。

四、培养和提高大学生通用技能的主要途径

大学生要想在未来的社会中更好地生存和发展，一定要进一步完善自我，树立正确的学习观和就业观，学会关心集体，乐于奉献，增强团队合作意识；要踏实肯干，诚实守信，增强艰苦创业的意识；要积极参加社会实践，增加社会阅历，多方面培养、发展、提高自己的通用技能。具体来说，大学生培养和提高通用技能的途径有以下几种。

（一）充分利用学校的课程安排

一般来说，大学课程安排强调知识的广博与精深，因此只有遵循大学教学规律，学好大学课程，才能保证大学生既有扎实的基础知识，又学有专长，从而建立起合理的专业技能和通用技能结构。大学课程分为三类：必修课、选修课和辅修课。必修课是学习专业知识、接受专业训练、成为专业人才必须要学习的课程；选修课是大学生根据个人的兴趣爱好选择学习的课程；辅修课是针对学有余力的大学生开设的课程。大学生应充分利用学校的课堂资源，积极参与课程学习，从而积累系统、全面的专业技能和相关知识。同时，利用课余时间进行知识"反刍"，根据自身记忆、个人理解、以前的知识积累，进行加工、整理，对新旧知识进行组合联系，形成新的知识技能，构建自己最优的专业技能和通用技能结构。

（二）积极参加校园文化活动

校园文化活动是教学计划之外，引导和组织学生开展的各种有意义的、健康的文化活动。它包括政治性的、学术性的、知识性的、健身性的、娱乐性的、公益性的活动。大学生积极参加校园文化活动，可以学到许多课堂上无法学到的知识与技能。如校园内形式多样、内容各异的学术讲座、学术报告会、学术交流活动，既有助于大学生专业知识结构的文理交融，拓宽知识面，也有助于激发大学生的学习兴趣，积极探讨有关问题。量子力学的创始人之一海森堡在学生时代就喜欢参加学术中心的活动，受到著名科学大师玻尔·波恩等的学术思想的熏陶，深入探讨他感兴趣的问题，结果在他24岁时就创立了量子力学的矩阵模型。科学艺术修养是知识结构中的重要组成部分，是人类文化的两翼，参加校园各种艺术活动有助于提高大学生的艺术修养，培养和发展创造力与想象力，有助于优化大学生自身的知识技能结构，从而进一步充实和提高自身的通用技能。

（三）广泛参与社会实践

在理论与实践的天平上忽视或缺失任何一个方面，都会导致知识技能结构的倾斜。缺乏理论指导的实践是盲目的，而缺乏实践的理论又是空洞的。合理的知识技能结构不仅是理论知识的有效积累，而且是实践经验的结晶。因此，当代大学生应深入社会积极参加社会实践，增加社会阅历，提高工作能力，吸取前人的经验知识，理论联系实际，在实践中不断增长才干，从而完善自己的知识技能结构。目前，许多用人单位往往要求求职者具备相应的工作经验。大学生可以利用毕业实习、假期见习和双休日、节假日以及寒暑假，积极参加社会实践，这样不仅可以最大限度地利用资源，而且能在最短的时间内学到有用的职业知识和通用技能。

（四）利用互联网等媒体学习和获得

当代科学处于发展变化之中，单纯的教材所能提供的知识技能容量和视野毕竟有限，作为印刷体，很难及时反映本学科领域的最新成果和发展；大量购买书籍往往也超出大多数学生的经济承受能力，借阅参考资料也未必能够得到满足。随着信息技术的发展，我们能够在大学教育中利用多种媒体，如电视、光盘、互联网等，多渠道地获取知识和技能。不同媒体有不同的时效性，将它们科学地结合起来，就能够向大学生传递丰富的知识技能和最新的信息资料。对于数字型媒体所提供的资料信息，通过检索手段能够提高查找定位能力，提高查找效率，广泛地学习和获取各种专业和通用技能。

培养和提高大学生通用技能是一个系统工程，需要社会、高校、学生三方共同努力。社会创造良好的就业环境是培养和提高大学生通用技能的保证，高校面向市场不断提高人才培养质量是提高大学生通用技能的主要渠道，大学生进一步完善自我是提高通用技能的关键。只有多方形成合力，才能切实提高大学生的通用技能，最终促使大学生顺利就业，促进社会稳定和谐。

第三节　个人素质

即将奔赴职场的大学生除了具备良好的专业技能和通用技能，个人素质也是不可或缺的。一些大学毕业生在求职时，常因个人素质的问题而与大好机会失之交臂。因此，大学生要加强自身各方面的修养，提升个人素质，进而增强择业就业能力，使自己在求职过程中立于不败之地。

一、个人素质的基本内涵

个人素质有广义和狭义之分。从广义上说，个人素质指的是一个人的综合素质，即一个人在阅读积累、基础知识、心理水平、个性品德、实际操作能力等方面的整体素养和能力，包括思想道德素质、专业素质、文化素质、身心素质等多个方面。从狭义上说，个人素质指的是一个人的基本品质与品性，如诚信、主动、自觉自律、谦虚执着、勤奋、自我管理、自信、责任心等。在此，我们主要从狭义的角度来讨论如何提升个人素质。

二、个人素质的基本特征

（一）内在性

素质是人的品质特征的深层蕴藏，人的行为就是某种素质的外在表现。有些大学生"藏而不露"，平时并未发现他有什么特长，但如果给他一个表现的舞台，他的某种特长就会显露出来，并有不凡的身手，引得周围同学赞叹不已。因此，内在性是素质的最基本特征。

（二）稳定性

人的素质是相对稳定的，是以某种机能系统或结构形式在个体内部固定下来的概括化了的东西，在相当长的一段时间内保持下去，没有特殊原因不会自动丧失。而那些不稳定的，只是在某种特定条件下才会有所表现的部分不能称之为素质。

（三）发展性

人的素质是可以通过环境和教育的影响，特别是通过个体的努力改进的。人从少年到青年，从青年到壮年，随着年龄的增长，适应社会的能力增强，通过学校、家庭等教育及周围环境的影响，可以使自身素质得到相应的提高。当然，在这个过程中个体努力是最重要的，通过自身刻苦学习、努力锻炼，可以掌握更多的知识，发展多种技能，提高自身综合素质。

（四）潜在性

素质也指人的生理、心理特点，带有一定的遗传性。因此，人本身蕴藏着许多尚未开发出来的身心潜能，它是以人的内能形式存在的，是人的品质、才干形成并发挥作用的内在渊源。大学生在日常学习和工作中要注意开发自己的潜能，大胆尝试，你可能会因为有先天的"音乐细胞"，而成为一名音乐家。

（五）综合性

人的素质是一种复杂现实的身心能量的整合，而不是指某一具体方面。人的素质水平是一种综合效应，是人的各方面素质的综合表现。

三、求职中应具备的几种重要的个人素质

（一）诚信

诚，即真诚、诚实；信，即守承诺、讲信用。诚信的基本含义是守诺、践约、无欺。诚信是一切道德的基础和根本，是一个社会赖以生存和发展的基石，是社会主义社会调节个人与社会、个人与个人之间相互关系的基本道德规范，也是社会公德和职业道德中的基本准则。就个人而言，诚信是高尚的人格力量；就企业而言，诚信是宝贵的无形资产；就社会而言，诚信是正常的生产生活秩序；就国家而言，诚信是良好的国际形象。诚信是道德范畴和制度范畴的统一。微软公司在用人时非常注重诚信，当列出对员工期望的"核心价值观"时，诚信被列为第一位。

（二）主动

主动指不受外力推动而行动。由于受中国传统文化的影响，中国的学生和职员大多属于比较内向的类型，在学习和工作中还不够主动。在学习中，学生往往需要老师安排学习任务；在公司里，中国职员常常要等老板吩咐做什么事、怎么做之后，才开始工作。但是，要想在求职和职业中获得成功，就必须努力培养自己的主动意识：在工作中要勇于承担责任，主动为自己设定工作目标，并不断改进方式和方法。"机不可失，时不再来"，只有积极主动的人才能在瞬息万变的竞争环境中获得成功，只有善于展示自己的人才能在工作中获得更多的机会。

（三）自觉自律

自觉是指大学生要客观辩证地认识自己、他人和社会，同时要认识自己与他人和社会的关系。古语云，人贵有自知之明。社会生活中的每个人都应当对自己的素质、潜能、特长、缺陷、经验等各种基本能力有一个清醒的认识，要认识到人是社会中的人，只有尊重他人、博采众长，才能逐渐完善自身，对自己在社会工作生活中可能扮演的角色有一个明确的定位。

一个人既不能对自己的能力判断过高，也不能轻易低估自己的潜能。对自己判断过高的人往往容易浮躁、冒进，不善于和他人合作，在遭到挫折时心理落差较大，难以平静对待客观事实；低估了自己的能力的人，则会在工作中畏首畏尾、犹豫不决，没有承担责任和肩负重担的勇气，缺乏工作的积极性。有自知之明的人既能够在他人面前展示自己的特长，也不会刻意掩盖自己的缺点。坦陈自己的不足而向他人求教不但不会降低了自己，反而可以表示出自己的虚心和自信，赢得他人的尊重。有自知之明的人在遇到挫折的时候不会轻言失败，在取得成绩时也不会沾沾自喜。认识自我，

准确定位自我价值的能力可以帮助个人找到自己合适的职场空间及发展方向，有自知之明的人让人感觉他是一个自信、谦虚、真诚的人。

自律指的是自我控制和自我调整的能力，表现在将合法合理的社会规范内化到自己心中，并体现在自己日常的行为中，自我控制不安定的情绪或冲动，在压力面前保持清醒的头脑。英国思想家罗斯金说："适当的克制，它们毕竟不是束缚手脚的锁链，而是护身的铠甲……克制使得人类引以为荣。"先哲们用克制肯定了自律的可贵之处。自律也必须建立在诚信的基础上，为了表现所谓的"自律"而在他人面前粉饰、遮掩自己的缺点，刻意表演的做法是非常不可取的。只有在赢得他人信任的基础上，严于律己、宽以待人，才能真正获得他人的尊重和赞许。

（四）谦虚执着

谦虚指不自满，肯接受批评，并虚心向他人请教。有真才实学的人往往虚怀若谷，谦虚谨慎；而不学无术、一知半解的人，却常常骄傲自大，自以为是。谦虚是一种美德，是进取和成功的必要前提。目前，不少大学生在生活中唯我独尊，不听取他人的建议，不能容忍他人和自己意见相左，这些不懂得谦虚谨慎的人也许可以取得暂时的成功，但无法在人生的事业上不断进步。因为一个人的力量终究有限，在瞬息万变的当今世界，个人必须不断学习，善于综合并吸取他人的良好意见，否则就将陷入一意孤行的泥潭。世界计算机行业巨头比尔·盖茨就是一个非常谦虚的人，他在每一次演讲结束后，会请撰写演讲稿的人分析一下他的演讲有哪些不足之处，以便下一次改进，正是这种精神和行为成就了他事业的辉煌。

执着是指坚持正确方向，矢志不移的决心和意志。无论是个人还是集体，一旦认定了正确的工作方向，就必须朝着这个方向锲而不舍地努力工作。在工作中轻言放弃或者朝三暮四的做法都不能取得真正的成功。成功者需要有足够的勇气来面对挑战，任何事业上的成就都不是轻易就可以取得的。一个人想要在工作中出类拔萃，就必须面对各种各样的艰难险阻，必须正视事业上的挫折和失败。只有那些谦虚执着、有勇气迎接挑战的人才能真正实现超越自我，达到卓越的境界。

（五）责任心

责任心是指个人对自己的义务和责任的自觉意识和积极履行的行为倾向。它意味着个人对待工作、家庭、自我、他人、社会乃至整个人类社会的负责态度和奉献精神，它总是表现在人们的社会生活和工作行为中。一个人有了责任心，他就会去主动地关心帮助他人，对他人负责；就会忘我地投入工作中去；就会在学习和工作中严于律己，对自己的行为负责，使自己不断完善，不断成熟。

列夫·托尔斯泰说过：一个人若没有热情，他将一事无成，而热情的基点正是责任心。社会学家曾对 500 名天才儿童做过跟踪调查研究，35 年后发现其中 30% 的人并没有什么成就，其差别并不是在于智力，而是是否有强烈的责任心和专一进取的品质。很明显，责任心的强弱直接影响一个人事业的成败。因为责任心是一种重要的非智力因素，能推动个体主动把外部的任务目标内化为自己的行动目标，具有维持和调节个体行为和心理的功能，从而不断引导个体趋向目标，这样个体的心理才会向健康美好的方向发展。一个没有责任感的人，因为找不到生命的支点，便会感到迷惘，因而失去创造成就的动力，容易被其他的事物吸引，甚至沉溺其中难以自拔。一个缺乏责任心或责任心不强的人，往往意识不到自己做人、做事的责任，从而造成人格上的缺陷。用人单位在招聘大学生时，对责任心是很重视的，往往通过各种方式、方法考察一个人的责任意识。

（六）自信

自信指相信自己，是自我意识中的重要组成部分，是心理健康的一种表现，是学习、职业成功的有利心理条件。自信的人能以自己的实际能力接受来自心理和社会的压力和挑战，并体现为沉着、冷静的情绪。在工作、学习、求职的过程中，一个人应勇敢地说出和实施自己的想法和主张，并带动周围的人，创造各种有利机会，赢得职场的成功。

（七）勤奋

通俗地说，勤奋就是不辞辛劳、不知疲倦地做事。这种勤奋是自觉自愿的，不是外部力量驱使的。其实，大学生都明白，做任何事情都不可能一蹴而就，学业也好，事业也好，要达到自己的奋斗目标，都必须付出艰苦的劳动，进行不懈的努力，克服各样各样的困难。当然，勤奋不等于一天从早到晚忙得昏头昏脑，不等于搞疲劳战术，应勤而有序，勤而有得，有效地利用正常的学习和工作时间，扎实勤奋地学习和工作。

（八）自我管理

自我管理是具有自我意识、自主意识和能力的个人，在正确认知自己的前提下，通过合理的自我设计、学习和协调等环节，以个人的自我实现和全面发展为目标的管理实践活动。

自我管理作为一种社会实践活动，也是个人的一种生存方式和存在形式。个人合理地利用自己的选择权利，实现自觉地自我调节和自我控制，有效地选择和管理自己的情感、意志，客观地理解他人，正确地处理自己与他人的关系，适应瞬息万变的环境，促使自身的特点和需要与外部环境相适应，并且通过对外交往与合作，将自身的力量整合成社会力量，以达到组织的整体目标和提升组织绩效。

通过自我管理，大学生对自身的行为与社会规范、要求相对照，在自我评价和自我反省的基础上，调整或修正自己的行为方式，主动积极地参与到群体（学校或单位等）的管理工作中去，并发挥其聪明才智和创造性，从而找到一个既合乎组织发展又有利于自身全面发展的平台。作为新时代的大学生，可从如下四个方面提高自我管理能力。

（1）目标管理。目标是个人或组织在一定时期内想要达到的成果。因此，我们应该清楚地知道自己的目标是什么、怎样达到、何时达到以及如何进行目标效果评价等。例如确立通过英语四六级考试、每周读一本书籍等目标。

（2）时间管理。时间对于每一个人来说都是有限的，只有善于管理时间的人，才能让有限的时间发挥最大效益，但并不是反对娱乐，而是反对时间的浪费。用人单位在招聘和选拔人才时，时间管理能力是一个重要的考虑因素。在有些岗位，这一能力显得至关重要，如营销人员、外派采购人员、经理人等，他们相对来说，自由度较大，如果缺乏时间管理能力，他们不仅会浪费很多时间，还会浪费公司很多资源。所以，用人单位经常通过组织会议、处理信件、接待来访等方面的考题来考察一个人的时间管理能力。

（3）技能管理。技能是我们的生存之本。无论是专业技能还是通用技能，都是以个人能力和素质为载体的。我们应未雨绸缪，剖析自己的优势、劣势与潜力，有意识地逐步提高这些技能。

（4）金钱管理。金钱可以助人一臂之力，也可以消磨人的意志。因此，金钱是一把双刃剑，我们应该把金钱看成一项管理工作，树立金钱管理意识，建立账目明细表，明确金钱的去向和投资方向，成为主宰金钱的主人。尽可能地把金钱用于知识的获取、技能的提高上。

（九）专注

专注既是一种精神，又是一种态度，更是一种习惯。专注的人能专心致志、全神贯注，不受任何其他欲望和外界诱惑的干扰，对既定的目标和方向执着如一，不懈努力。专注的人能集中尽可能多的资源和精力办事；专注的人能把一件事情做到底，不达目的不罢休。因此，专注是一种优秀的个人素质，大学生应具备专注的品格，保持一颗超然的平常心，把时间、精力和智慧聚集到所要完成的重大目标和任务上。

四、提高个人素质的主要途径

时代呼唤新一代的大学生，祖国需要高素质的人才，现代社会的发展对大学生的素质提出了更高的要求。作为新时代的大学生，要想适应社会的发展，就必须努力提高自身的综合素质，只有这样才能更好地为祖国建设贡献力量。大学生提高自身素质的主要途径有以下几个。

（一）树立全面发展的观念

有些大学生在某一方面比较突出，可是在其他方面就相对落后。特别是一些理工院校，学术研究氛围比较浓厚，但人文社会科学方面的知识却并不丰富，所以给人的感觉是理工科院校的学生不活泼，缺乏青春的朝气。而文科院校的学生虽然知识面比较宽广，可是他们相对缺乏科学的钻研精神。因此，学习时要注意文理渗透，人文类的大学生不仅要学习文学、历史、哲学等知识，更重要的是要培养一种历史感；理工类的大学生不仅学习好本专业和相关自然科学专业的知识，更要重视广泛涉猎人文社科知识。这样不仅可以优化我们的知识结构，还可以帮助我们在专业领域内更有创造力，使我们变得更善于深思熟虑，推动我们全面发展。

（二）在日常生活中培养

在当今社会要从事某一职业，必须经过专门的职业训练，这个训练过程也就是个人素质的培养过程，这是一个长期的过程，绝非一朝一夕之功，尤其是个人思想道德的形成，需要在日常生活中有意识地培养自己的良好生活习惯和精神品质。因此，大学生要从小事做起，严格遵守行为规范；从自我做起，自觉养成良好习惯，以高标准、严要求来规范自己，衡量自己的言行，指导自己的实践。

（三）在专业学习中训练

专业学习是获得专业理论知识的基本途径，也是了解专业、了解职业及其相关职业岗位规范，培养职业意识、养成良好职业习惯的主要途径。凡事预则立，不预则废。大学生应该在专业学习和实践过程中增强职业意识，恪守职业规范，这是未来干好工作、实现人生价值的重要前提。因此，在专业学习中，大学生应重视技能训练，刻苦钻研，提高本领，不断提升个人素质。

（四）在社会实践中体验

丰富的社会实践是指导人们发展成才的基础，是实现知行统一的主要场所。社会实践是个人素质培育和发展的根本途径，个人素质的培养和良好素质的形成离不开社会实践。脱离了社会实践，既无法深刻领会个人素质的内涵，也无法将职业素质和专业技能转化为造福人民、贡献社会的实际行动。因此，大学生要积极参加社会实践，培养职业情感，在专业实践中有意识地了解职业，熟悉职业，培养对职业的热爱。

（五）在自我修养中提高

自我修养是提高个人素质必不可少的手段，是形成个人素质的内因。自我修养的关键在于"自我努力"。通过个人实践，培养较强的职业技能和个人素质，把个人素质的基本要求自觉地转化为个人内心的要求和坚定的信念。这就要求大学生在日常的学习、生活和各种实践中，一定要严于解剖自己，善于认识自己，客观看待自己，勇于正视自己的缺点，做到扬长避短，加强自我修养，不断提升自己的个人综合素质。

（六）利用校园文化陶冶

学校的教书育人工作可分为教学育人和环境育人两个部分，环境育人主要体现在校园文化建设上。校园文化是以社会主义核心价值体系为主导，以校园精神文明为底蕴，由师生员工共同创造和享有的群体文化，是一所学校的传统、作风和理想追求的综合体现。校园文化能塑造良好的性格和高尚的品格，影响着学生的思想品质、价值观念和生活方式的选择，具有极强的导向作用。另外，校园文化是充实学生头脑、完善学生知识结构的有效途径。同时，校园文化还能构筑和提升大学生的现代审美观念和审美能力。所以，大学生要积极参与各种有利于提高自身科学文化素质的系列讲座，投身校园社团活动和文化艺术活动，使自己在丰富多彩的校园生活中受到陶冶，获得知识，增长才干，培养情操，开阔胸怀，增强团队意识，从而更好地发展个人的特长和兴趣。

第六章　大学生职业素养拓展

第一节　优化知识结构

知识是人类实践活动和思维的结晶，是人类文明发展和延续的基础，是人类改造自然和社会的工具。对大学毕业生而言，知识的积累是其成才的基础和必要条件。建构合理的知识结构，最大限度地发挥知识的整体效能，对于大学生成功就业和事业发展越来越重要。

一、知识结构与职业素质概述

大学生的知识是大学生通过学习和实践而获得的反映客观世界的物质和精神成果的总和。从本质上说，大学生的知识属于认知的范畴，是在大学理论学习和教学实践过程中形成的，其内涵也必然随着学习和实践活动的深化而不断扩展。大学生的知识是大学生成长成才的条件，是进行创新创造活动的基础，是智力发展的源泉，是大学生个体最重要的内在因素之一。大学生在校期间学习的知识越广泛、越丰富，就会站得越高、看得越远，将来成功的可能性就越大。

知识对大学生的成长十分重要，渴望成才的大学生应以丰富的知识充实自己的头脑。但是，人类积累的知识浩如烟海，而且科学技术飞速发展，任何人要想把人类创造的知识全部掌握是不可能的。这就要求当代大学生必须建立合理的知识结构。

大学生的知识结构是指大学生所拥有的知识的种类、深度及其合理的组成，是由诸多要素（包含智力、知识、技能甚至实践活动等因素）组合而成的有序列的、有层次的、整体的知识系统。

合理、高效的知识结构至少应该具有四个基本特征：第一，有序性，即大学生知识结构形成的有序性。大学生知识的消化、吸收过程是由近及远、由浅入深、由少到多、由低级到高级的有序发展过程，从基础课程的学习到专业课程的深化是循序渐进的。第二，整体性，即大学生的知识结构是一个有机的整体。这个整体应该既具备扎实的基础，又带有浓厚的专业色彩。第三，可调性，即大学生的知识结构能够根据需要不断进行调整。可调性保证了大学生的知识结构能够适应不断变化的新情况，不断发生新的质的飞跃，始终站在学科发展的前沿。第四，实践性，即大学生的知识结构能够不断吸收人类所创造的新知识、新经验、新观点、新思想，不断总结自己的实践经验，并转化为创造力。

大学生知识结构千差万别，不同学校、不同专业、不同个体的知识结构各不相同，不存在一个固定的、普遍的适用模式。目前，专家一般将大学生知识结构分为宝塔型、网络型等类型。

宝塔型知识结构把基础知识形象地比喻为宝塔的底部，然后从下而上依次由专业基础知识、专业知识、学科前沿知识构成，宝塔顶部是主攻或从事的职业目标。这种知识结构强调基础理论的宽厚扎实和专业知识的精深，容易把所具备的知识集中于主攻目标上，有利于迅速接近学科前沿和从事理论及应用科学的研究工作。现在国内外的著名大学大多采用厚基础、宽专业的培养理念，其核心目标就是要培养具有持久而巨大爆发力的创新型人才。

网络型知识结构是以所学的专业知识为中心点，把其他与该专业接近的、有着较大相互作用的知识作为网络的各个连接点，相互连接而形成适应性强、能够在较大空间发挥作用的知识结构。这种知识结构是把专业知识置于网络的中心，并侧重于发挥与专业知识相关联的系统知识的辅助作用。这种知识结构的优势是在运用知识时能充分发挥整体知识结构的协调作用，具有较强的弹性和应变能力。但该知识结构对基础知识没有给予足够的重视和强化，因而难以像宝塔型知识结构那样具备深沉而持久的爆发力。

因此，大学生在知识结构的形成过程中，不仅要注重自身知识结构的关联性，全面发展多层次的知识成分，而且要注重保持自身知识结构的独特性，尤其应追求知识结构的持久性和强爆发力。方法上不但要注意核心知识与相关知识的有机结合，也要注意自身知识结构与他人知识结构的相互结合，了解各种知识结构的位置和层次，按照不同职业类别的知识要求，不断调整和优化自身的知识结构，努力提高自身的职业素质。

大学生的职业素质是指能满足大学生未来职业生涯发展所需要的特定素质，是在一定生理和心理条件基础上，通过教育培训、职业实践、自我修炼等途径形成和发展起来的，在未来职业发展中起决定性作用的、内在的、相对稳定的基本品质，包括大学生的思想、道德、知识、能力、心理等。大学生职业素质是大学生综合素质的重要组成部分，由于职业是人生意义和价值实现的主要途径，职业生涯既是人生历程中的重要部分，又是最能彰显人生价值的部分，因此大学生在校期间要注意培养和发展自身的职业素质。

大学生职业素质的高低与其知识结构的优劣关系密切。因为知识是素质的基础，素质是知识内化、积淀而成的相对稳定的个体品质。因此，大学生知识结构是否合理，对其职业素质的形成至关重要。大学生提高职业素质的过程，也是学习知识技能，并使之成为合理知识结构的过程。具体而言，大学生的一切素质都是由知识转化而来的，知识是其素质的元素和细胞；大学生素质的高低，首先取决于其知识的多寡、深浅和其知识结构的完善程度。古语说"学以成才""才以学为本"；现代人才学也认为，谁掌握的知识越丰富、越精深，加工和运用这些知识的思想方法越正确、越先进，谁的才能也就越大。

二、适应职业需要优化知识结构

大学生知识结构的建立和完善是一个有意识的、长期的实践过程，在这一过程中，知识结构需要进行不断的优化。其知识结构的优化过程就是大学生在学校学习和实践过程中，根据自己人生理想和职业发展的选择，不断调整自身知识，使之成为一个能适应未来职业需要的科学、合理的知识结构。

具体而言，大学生知识结构的优化必须遵循以下几个主要原则。

其一，坚持广博与精深的辩证统一。要建构合理的知识结构，就要把知识的广博与精深有机结合起来，如果只博不精，就难以形成自己的特长和优势；如果只精不博，则视野不开阔，也难以深入下去。现代科学技术日新月异，边缘学科不断出现，学科间的相互渗透、技术上的高度综合要求大学生拥有相当宽广的知识面，把精深的专业知识建立在广博的基础知识之上。知识面过窄，就难以适应科学技术的发展，也难以在事业上有所建树。成功的人才往往是在宽厚的基础知识上对专业知识精益求精，从而成为某一学科、某一领域颇有造诣的专家。这就要求大学生在基础知识广博的基础上追求专业知识的精深，大学生是国家培养的专门人才，掌握精深的专业知识是胜任未来职业的前提条件。

其二，坚持理论与实践的辩证统一。大学生合理的知识结构不仅是理论知识的有效积累，而且是实践经验的结晶。在理论与实践上忽视任何一个环节，都会导致知识结构的不合理。缺乏理论指导的实践是盲目的，而缺乏实践的理论又是空洞的。没有实践，理论就会日渐枯萎；没有理论的实践，就会因为缺乏科学指南而事倍功半甚至一事无成。因此，在建立合理的知识结构时，要处理好理论学习与实践体验的关系，要在重视"第一课堂"的同时走向"第二课堂"，一方面向书本学习，一方面向实践学习，为建立合理知识结构找到正确的途径。

其三，坚持积累与调节的辩证统一。大学生合理的知识结构既需要大量的知识积累，也需要适时的知识调节。大量相关学科知识的积累有利于强化知识结构的整体效应，以适应当代科学技术相互渗透、不断分化综合的发展趋势。但是，学海无涯，大学生不可能漫无边际地积累知识，而必须按人生理想与职业发展的需要进行定向积累，在积累的过程中不断地进行知识的调节。知识的调节一方面是要更新知识，防止知识的老化；另一方面是要增强实用性，防止无关知识所占比重过大，导致知识结构的"空洞"或倾斜。

依据上述基本原则，大学生优化自身知识结构的过程可按如下基本思路运行：首先，要用目标思路实现知识结构的优化。大学生知识结构的构建和发展必须有明确的目标和方向，使自己能够在未来的职业中更好地发挥作用、成就事业。大学生实现目标的最佳途径是在自己的专业领域内选择主攻方向或奋斗目标，构建与其相适应的个人知识结构。这样一方面可以加强对已有基础知识和专业知识的职业深化，做出合理的知识建构；另一方面也可以大大节约"知识成本"，提高知识结构的职业效应。

其次，要以适应思路支持知识结构的优化。适应思路是指知识结构要适应科学和社会发展需要，适应自身职业选择的需要。人类创造的知识纷繁庞杂，新知识不断涌现，如果大学生在构建知识结构时忽视了适应性，就难以适应将来时代的发展。这就要求大学生在校期间要关注和吸收学科动态、专业发展前沿问题及其研究成果，不断充实自己的知识结构。另外也要重视文、理结合，全面发展，以适应将来职业变化的需要。

再次，要以人格思路提升知识结构的优化。知识结构优化的最终目的是人的全面发展，良好的人格可以激发人的好奇心和洞察力，使人更善于思考，更好地展现个人的特长，更充分地开发个体的潜能。因此，大学生在知识结构的形成和发展过程中，应注重人格发展，加强思想道德知识修养，完善身心健康知识系统，以优秀的人格素质提升知识结构的品位。

最后，要以创新思路促进知识结构的优化。创新思路是指大学生应该发扬创新意识，不断进行创造性活动，用创新性成果优化知识结构。创新可以改变生活方式、创造经济效益、推动社会发展。大学生在构建自己的知识结构时，应该注重创造意识、创新思维的培养，为把自己塑造成为富有独立精神的现代创新型人才奠定良好的知识结构。

建立合理的知识结构绝非一劳永逸，必须不断地付出艰辛的劳动。大学生应采取适合自身特长的科学方法来建立合理的知识结构，具体可从以下步骤进行。

第一步，根据自己所学专业和将来的职业目标确定自己知识结构的类型。

第二步，根据自己所要建立的知识结构类型将所具备的知识体系和层次进行优化组合。

第三步，根据组合后的知识结构的具体情况，决定需要补充的知识内容，使之进一步完善。

第四步，根据社会的发展，特别是科学技术的发展进步，不断调整和完善自己的知识结构。

那么，大学生应该建立一个什么样的知识结构呢？

笔者以为，大学生应该努力建构"职业目标优先、知识体系全面"型知识结构。因为最佳的知识结构，在内容上必须是一个价值目标明确、各种知识互相协调且具有鲜明层次结构的系统。对大学生而言，"职业目标优先、知识体系全面"型知识结构应该是比较理想的知识结构，具体包括基础知识、专业基础知识、应用技术知识、动态知识等诸方面的全面发展。

基础知识是指社会科学和自然科学的宽厚广博的基础知识储备，主要包括政治、历史、文学、管理、数学、地理、生物、心理等方面的内容。专业方向的发展，特别是市场经济的运行和发展，社会产业、行业的结构调整使就业很难"从一而终"，要适应这种变化，必须有扎实的基础知识。

专业基础知识是学科赖以发展的基础，通常是基础知识和专业技能的融合。专业基础知识是知识结构的核心部分，大学生必须对专业领域的基础知识学习达到一定的深度，并善于将所学专业知识与其他相关知识紧密结合起来。

应用技术知识是相关学科现代化应用技术方面的知识，特别是电子计算机的应用，成为现代人必须具备的技术手段，某些学科的应用技术（如测试技术）已成为科学研究的主要手段，因此应用技术也是时代对大学生的基本要求。

动态知识是指在社会不断发展中涌现出的新知识或学科前沿知识。当前一些科学技术尚未成熟或正在发展过程当中，大学生需要不断学习，并能用其不断调整和改善自己的知识结构，使之不断更新，不断趋于完善和合理。

第二节　培养综合素质

素质作为人的活动的主观条件和内在根据，是人才质量的代名词。任何一个求职者都应该加强素质训练，做好就业准备工作。

一、大学生综合素质的基本内涵

大学生的综合素质是指大学生的品格、智力、知识和能力的综合品质。综合素质的定义具有以下几个特征：第一是素质的范围特征，即大学生综合素质是大学生的各方面能力和修养的综合，是一个完整的综合素质体系，而不是单纯的某一方面的素质和简单的几种素质的集合；第二是素质的综合特征，即大学生综合素质既不是单纯的知识性素质，也不是纯实践层面的技能素质，而是知识、理论、实践的综合且适应职业需要的综合素质；第三是素质的实践特征，即大学生综合素质的目的取向是解决实际问题。

大学生的综合素质包括思想素质、政治素质、道德素质、知识素质、能力素质、身心素质、审美素质、科技素质、创新素质等多个方面的内容。

思想素质是指大学生对事物客观、正确的认识，以及在此基础上所建立的符合时代、社会要求的理想、道德和价值观等内容。通常指大学生在社会生活中处理各种思想关系的行为习惯或习性，是一定阶级或社会的思想观念转化为大学生的内心信念，并在其言行中表现出来的稳定特征和一贯倾向，包括其思想认识、思想情感与思想方法。

政治素质是指大学生明确的政治观点、政治立场、政治信仰，热爱社会主义祖国，拥护党的路线、方针、政策，以及在社会生活中公民所应具有的政治知识和技能等内容。通常指大学生从事政治活动所必需的内在的基本条件和自身的基本素养，其政治素质是整个社会的政治、经济和文化发展水平以及政治历史传统等多方面因素在大学生社会行为上的综合反映。

道德素质是指大学生作为道德行为的主体所必须具备的素养，包含大学生的理性程度、情感状况、意志强弱、行为能力在内的综合概念和系统结构，即包括道德认识、道德情感、道德意志和道德行为四个要素。道德素质是大学生综合素质的重要内容，是决定大学生尊严和价值的根本，也是面对未来获得信任与尊重的基石。

知识素质是指大学生在知识方面的基本品质，主要包括大学生的知识价值观、对待知识的基本态度、获取知识的方法、应用知识的能力及其所拥有的知识结构。它是大学生综合素质的核心。

能力素质是指大学生在认识世界和改造世界的过程中所表现出来的一种能动性，是大学生运用知识和智力认识事物和处理问题的能力，它和思想素质、政治素质、道德素质、知识素质等共同构成人的基本素质。

身心素质是大学生综合素质的基础，是指大学生的生理和心理的健康水准，既包括大学生身体的健康状况，也包括其心理的健康状况。主要表现为是否养成了良好的生活习惯，是否具有强健的体魄和积极的心理状态等。

审美素质是指大学生所具有的对美的事物欣赏、评价、表现和创造的基本的品质或潜能。审美素质有助于大学生世界观、人生观的确立，能培养当代大学生高尚的思想道德情操，激发大学生的创造力，促进大学生的全面发展。

科技素质是指大学生掌握的科学技术水平以及大学生在职业活动中表现出来的科学技术能力和科学技术意识。科技素质是大学生认识和改造客观世界的最有力武器，是大学生综合素质的集中体现。

创新素质是指与大学生创造性、创新性的活动相关的稳定的心理素质。创新素质是一般素质的进一步提升，是在一般素质的基础上发展起来的高层次素质。具备较强创新素质的大学生更能根据自身的创新素质水平做出相应的创新成果。

大学生的综合素质是大学生将自己的知识转化为职业能力的桥梁。在国家对大学本科生教育培养目标中，概括起来有三条基本要求：一是掌握专业学科的基本理论、基本知识；二是具备较强的综合素质；三是培养必备的基本能力。这三个基本要求之间包含着两个重要的转换环节。

首先，知识内化为综合素质。大学生的综合素质是建立在知识的基础之上、由知识转化而来的，这是一个渐进过程，是大学生在吸纳知识的过程中逐步内化为个人综合素质的过程，既包括大学生知识学习的各个方面，也包括综合素质在内化过程中的逐步提高。因此，其综合素质的高低首先取决于其知识水平的高低。没有扎实的知识理论功底，一切都将成为无源之水。

其次，综合素质外化为能力。能力是指在智力发展的基础上掌握知识、应用素质的本领，即一个人表现出来的认识世界和改造世界的本领。能力是外在的，它以知识的发展和素质的提高为基础。在实际生活中，任何一种单独的能力都不可能成功地完成比较复杂的活动。因而，一个人在完成学习或工作的任务中表现出来的能力总是综合素质外化的综合能力。

因此，大学生要适应时代需要，适应国际竞争和新技术的挑战，刻苦努力学好知识，不断完善知识结构，努力提升综合素质，在学习过程中注重知识的内化锻炼和素质的外化实践，不断提升自己对未来社会职业活动的适应力和竞争力。

二、围绕职业目标发展综合素质

大学生应该如何有效地发展和提高自身的综合素质？这既是一个值得认真思考的理论问题，也是一个需要认真探索的方法问题。除了努力学习、勇于实践，还要围绕职业目标，发展综合素质。

第一，应根据职业定位，加强思想政治素质修养。因为思想政治素质是整个社会政治、经济和文化发展水平以及政治历史传统等多方面因素在大学生思想、行为上的综合反映。个人的思想政治素质是阶级和社会的普遍政治要求和个人所特有的个性心理特征相结合的产物，具有很强的社会性、时代性和阶级性。不同时代、不同阶级或不同社会有着不同的政治原则和行为规范，因而对大学生政治素质的要求也不同。另外，大学生个体在接受有关教育的过程中，会从自身的社会生活实际出发，逐步形成自己处理政治关系的行为准则和习惯。长期以来，我国大学生习惯于按照在大学的生活实际进行思想政治修养，结果一到社会，就感觉到与社会的实际状况难以适应。因此，倡导在校大学生应根据自己的职业选择和定位加强思想政治素质的修养。

大学生的思想政治素质对其职业目标的选择与定位具有十分重要的方向引导、价值评判功能。青年学生的思想、心理和社会行为发展迅速，正处于政治观形成的关键时期，重视思想政治素质的培养，能够引导青年大学生树立正确的世界观、价值观和人生观，能够从根本上保证青年大学生在职业目标的选择中坚定正确的政治方向。随着我国改革开放的深入进行，与国外的政治、经济、文化、科学技术交往的日益频繁，各种思想文化、价值观念和生活方式相互激荡，在这样的社会环境中选择职业，优秀的思想政治素质对青年大学生无疑起到十分重要的价值判断和方向指引作用，能够指导广大青年大学生自觉提高政治辨别力，自觉抵制各种错误思潮的侵蚀，坚定不移地将自己的职业选择与中国人民的根本利益统一起来，以高度的政治热情奉献祖国，关心时事，将自己的前途、命运与祖国的繁荣昌盛和民族的腾飞复兴紧密结合在一起，在伟大的社会主义建设事业中建功立业，把自己培养成为共产主义事业的建设者和接班人。

第二，应根据职业取向，加强道德品质修养。因为在大学生的职业取向中，包含着实质性的社会道德取向问题。选择什么样的职业目标，追求什么样的职业理想，都要依据自己内心深处的价值取向来进行。立志成为什么样的人才，要实现什么样的人生价值，都直接决定或间接支配着大学生对职业目标的选择和定位。换句话说，职业取向必须遵循道德准则，客观要求大学生必须加强社会主义道德品质修养；而加强大学生道德品质修养，不仅有利于大学生的成才，也有利于保障大学生坚持正确的职业取向，促进大学生不断获取辉煌的职业成就。在这方面，一代伟人毛泽东、周恩来为我们做出了光辉榜样。毛泽东同志在求学期间，立志"改造中国与世界"；周恩来同志在求学期间，立志"为中华之崛起而读书"。他们的职业取向都为政治家，而他们的道德取向都为中华民族谋幸福。我们当代的中华学子若都能像他们一样，围绕正确的职业取向，加强高尚的道德品质修养，社会主义现代化建设和中华民族的伟大复兴就一定能得到快速的实现，也一定能产生出更多的新时期毛泽东、周恩来式的伟大人物。

从本质上说，道德品质不但是成为人才的基本条件，也是进行职业取向和造就人才的内在思想底蕴。在我国长期的历史发展过程中，逐渐形成了"德才兼备"这一中华民族鉴赏和选拔人才的标准。德不仅是人才构成的基本内容，而且是人才成长的内在动力。"才者，德之资也；德者，才之帅也。"我们平时所说的品学兼优，实际上也是把个人的品行放在第一位。大学生要进行职业选择，实现自我价值，首先必须具备良好的道德品质。大学生的职业发展和自我价值实现离不开知识和才能，然而，知识和才能的获取和发挥又都离不开优秀的道德品质。只有具备了高尚的品德，才能焕发出高度的社会责任感和积极进取的精神，才能激发出为民族复兴而择业的主动性和自觉性，才能确立崇高的理想，立志在自己所追求的职业中去发现真理、坚持真理和发展真理。

第三，应根据职业专长，加强知识素质和能力素质修养。因为每一项职业专长都有相对应的知识和能力素质要求，一个大学生不管选择什么样的职业，都需要针对该职业的专业要求，加强相应的知识素质和能力素质的修养，切实提高自己的职业竞争能力。随着经济的发展，社会分工越来越细，职业岗位的职责划分也越来越明确，越来越具有专业性，社会对人才的知识和能力素质的依赖甚至超过了对资本的依赖，大学生努力提高自身知识和能力素质就显得越来越重要。

当代大学生应根据自己所学的专业特长，努力实现与所选择的职业要求"接轨"，着力发展相应的知识素质和能力素质，使自己能胜任职业岗位，自然就能脱颖而出，在竞争中立于不败之地。同时还需看到，大学生的知识素质和能力素质不仅是择业的资本和就业的基本条件，也是胜任职业工作和创造职业业绩的前提条件。大学生若想在今后的职业生涯中获得更大的成就，必须从学校开始，根据职业发展的要求，从深度和广度两个方面，大力拓展自己的知识素质和能力素质。

第四，应根据职业发展，加强身心素质修养。身心素质是大学生未来职业发展的物质载体和精神基础，"身体是革命的本钱"，心理健康是职业生涯中百折不挠、事业兴旺的有力保障。正因为如此，现代社会各行各业对择业人员的基本要求之一就是要有强健的体魄和健康的身心，对大学生也不例外。

当代大学生应根据未来职业的发展需求，大力加强身心素质的修养。首先，应大力提升体能和体魄，以适应现代职业高强度、快节奏对身体素质的要求。这就要求当代大学生重视身体锻炼，不能光吃身体的"老本"。身体素质是从遗传上获得的先天性的特质以及成长过程中受环境影响、通过劳动及体育锻炼获得的后天性的身体特质的统一，后天的锻炼是提升大学生身体素质的主要途径和必经手段。同时，大学生应注重适应心态的磨砺与和谐心理的培育，以适应现代职业压力大、流动快对心理素质的要求。这就要求大学生从在校起，就要努力增强适应心态，学会自我调节，善于缓释压力，始终保持积极进取、乐观向上的个人品格，积极发扬团结合作、互助双赢的高尚情操，大力提升自身的心理素质。

第三节　提高复合能力

什么是复合能力？根据《现代汉语词典》的解释：复合，合在一起；结合起来。从这个意义上说，复合包含着几重含义：首先，是两种或两种以上的要素合在一起；其次，这种结合在某种程度上保持了原来要素的品质和特征；再次，形成了新的结构，呈现出新的品质和特征。

可以看出，复合能力是指具有两个（或两个以上）专业（或学科）的基本知识和基本能力，复合能力的实质是打破学科专业之间壁垒森严的界限，使学生能够接触和学习不同专业领域的知识及不同学科的思维方法。这种复合包括社会科学与自然科学之间的复合、多种专业之间的复合、智力因素和非智力因素之间的复合。

随着国家职业准入制度的建立和实施，大学生就业机制的改革进入了一个新阶段。

为了更好更快地优质就业，当代大学生必须正确认知国家职业准入制度，依据自己的职业选择，努力提升复合能力。

一、正确认知国家职业准入制度

国家职业准入制度是指根据《中华人民共和国劳动法》和《中华人民共和国职业教育法》的有关规定，对从事技术复杂、通用性广，涉及国家财产、人民生命安全和消费者利益的职业的劳动者，必须经过培训并取得职业资格证书后，方可就业上岗，实行就业准入的职业范围由人力资源和社会保障部确定并向社会发布的制度。

职业资格证书制度是职业准入制度的一项主要内容，也是一种特殊形式的考试制度。它是指按照国家制定的职业技能标准或任职资格条件，通过政府认定的考核鉴定机构的考核，对劳动者的技能水平或职业资格进行客观公正、科学规范的评价和鉴定，对合格者授予相应的国家职业资格证书。

我国从1994年开始实施职业资格证书制度。推行职业资格证书制度是落实党中央、国务院提出的科教兴国战略方针的重要举措，也是我国人力资源开发的一项战略措施。这对于提高劳动者素质、促进劳动力市场建设、促进经济发展等具有重要意义。随着我国人才评价制度逐渐与国际接轨，以及现代职业对从业人员要求的不断提高，我国的职业准入制度逐步全面推行，职业资格证书已成为人们择业的"通行证"。到目前为止，我国人事部门已在多个行业建立了专业技术人员职业资格证书制度，劳动部门也明确了几十种必须持职业资格证书就业的职业，如注册建筑师、执业药师、心理咨询师、注册会计师和执业律师等资格制度。我国将在许多专业领域加快实施职业资格，特别是执业资格制度，并逐步实现与世界各国进行职业资格互认，建立与国际接轨的完整的执业资格制度体系。

职业资格证书制度推行后，大学生就不能单凭毕业证书和学位证书就业了。伦敦工商总会考试局教授 David 指出，学历和资格证书哪个重要不可一概而论。在国外，不同的行业要求不一样，如对教师和研究人员来讲，学历比较重要；但要在企业做商务等，职业资格证书更重要。现代大学生拥有多种证书的人越来越多，众多大学生纷纷加入考证一族，不过，大学生考证应本着自身发展的需要，选择能够拓展自己的知识面、提高综合素质的证书去考。

职业资格证书分为通用型证书、核心证书和能力拓展证书三个类型。通用型证书几乎是任何职业都需要的，它反映了现代职业活动对人们基础能力的共同要求，如英语等级证书、计算机等级证书等。核心证书与专业有着直接的联系，对求职就业有直接的作用，会计证书对于会计专业的学生，导游证书对于导游专业的学生，都有着重要的意义。能力拓展证书对于拓展个人能力范围、增强就业竞争能力有着重要影响，取得这类证书对大学生求职有很大帮助。

下面摘要介绍几个当前对大学生求职就业帮助比较大的几种职业证书。①英语四、六级证书。全国大学英语四、六级考试（CET）是由教育部组织的全国统一的单科标准化教学考试，在全国大学中普遍实行，考试合格者取得大学四、六级考试合格证书，成绩优秀者注明"优秀"字样，此证书已成为用人单位衡量求职者英语水平的重要标准。②全国计算机等级证书。计算机等级考试由教育部考试中心举办，测试应试者计算机应用知识与能力的等级水平，是许多用人单位考核工作人员计算机知识与能力的标准之一。③教师资格证书。教师资格是国家对专门从事教育教学人员的最基本要求，是公民获得教师岗位的法定前提条件。教师资格分为幼儿园教师资格、小学教师资格、初级中学教师资格、高级中学教师资格、中等职业学校教师资格、中等职业学校实习指导教师资格、高等学校教师资格7种。教师资格证书不仅面向教育界，也面向全社会，非师范类专业的毕业生也可以报考。④企业人力资源管理人员资格证书。企业人力资源管理人员是从事人力资源规划、员工选拔招聘、绩效考核、薪酬福利管理、培训与开发等工作的专业管理人员，共设四个等级。⑤剑桥商务英语证书（BEC）。BEC是剑桥大学考试委员会在全球范围内推广的一项考试，致力于建立一个测试商界雇员英语水平的统一标准，非英语国家的大公司可以作为商务英语测试标准，该证书在欧洲大多数国家的商业企业部门得到认可。

面对职业准入制度及众多的职业资格证书，广大青年大学生应该积极应对。要正确认识和努力适应新情况、新形势，大力拓展自身的职业素养，不断增强就业能力。当前，提高大学生的复合能力是适应职业需求的当务之急。因为随着社会新行业、新技术的不断涌现，岗位职业越来越不稳定，岗位界限也越来越模糊，学科专业之间相互交叉渗透，不断向综合化、整体化方向发展，因此时代需要高素质、复合型人才。知识结构综合性强、视野宽广、善于学习、职业转换快、适应能力强的人才更具有竞争优势，能在日新月异的社会发展中获得更大的用武之地，提高复合能力已经成为适应当今职业需求的客观必然。

现代社会的重大特征之一是学科之间的横向渗透、交叉与综合。科学上的重大发现、技术上的重大突破以及国民经济与社会发展重大问题的解决，一方面需要多学科多领域的专业人员相互协作共同努力；另一方面需要专业人员不仅精通本学科知识，而且要有相关学科知识和跨学科研究的能力。知识广博、基础扎实、在多个领域具有较强适应性的复合能力型人才将越来越受到社会的重视。因此，大学生必须具备高层次、全方位、配套合理的知识结构体系，要通过多种途径的学习实践，努力提高自身的复合能力。

二、依据职业要求提升复合能力

现代职业对大学生的复合能力提出了崭新的要求：从横向来看，要求复合型人才知识面广，知识的融合度高。具体来说，应当包括多种学科知识的复合、多种专业技能的复合、多种能力素质的复合以及智力因素与非智力因素的复合。从纵向来看，要求复合型人才所掌握的知识既要有高度又要有深度，而且创新能力要强。

依据职业要求，大学生应该如何提升自己的复合能力？

首先，要努力将通用能力转化为复合能力。通用能力强调的是能力的基本素质，除要求学生掌握必要的人文、社会科学和自然科学知识基础，还包括必要的专业知识，但其基础知识和专业知识的关系比较松散，主要着重基本素质的培养。而复合能力不仅强调基础知识的学习，而且强调专业知识的宽泛性和学科知识的多样性，主要着重于各类知识的交融和综合。可见，复合能力具有更广泛、更丰富的内涵。从人才的培养模式来看，人才培养经历了由通才转向专才、再由专才向复合型人才的转化，但这种转化并不是一种简单的回归，而是螺旋式上升，是在更高起点上的又一次质的飞跃。

其次，应注重知识结构的复合。复合能力具有厚重而系统的知识结构，知识结构的复合是培养复合能力的基础。具备复合能力的人才要通晓两个（或两个以上）专业或学科的基础理论知识和基本技能，具有较宽的知识面和扎实的基础知识，从而为多学科知识的融会贯通提供了条件，也为不同专业知识的学习和能力的培养提供了良好的基础。同时，复合能力的培养要求大学生具有多学科的知识，但这些知识绝非松散没有联系，而是相互交叉、融合形成新的知识，并成为新的思维方法和综合能力的萌发点。

再次，要在综合的基础上注重创新。扎实的基础知识和多学科知识的交融有利于能力的形成，但要防止将各种学科能力简单地相加，而应注重彼此之间取长补短，并在多种能力的基础上形成更强的综合能力。

要重视通过不同学科知识和能力的融合，达到对原来的知识、能力的超越，用一种全新的思维方法来思考遇到的问题，提出新的解决办法。

最后，注重发展特定职业岗位所要求的专项能力。专项能力具有竞争性、排他性、保密性和潜在的商业价值，大学生应根据职业岗位的要求，发展自己的专项能力。应根据国家和社会经济发展对人才的不同需求以及对自身条件的准确定位，正确处理好通用能力和专项能力的关系，以专项能力培养为本位，拓展基本技能的训练，包括计算机能力、中外文能力等，不断提高在未来社会中的竞争力。

总之，在校大学生应正确认识职业要求，有效依托现有能力，不断开掘潜在能力，全面提高复合能力。

第四节 加强职业实践

能力作为个人从事社会实践的本领，必须从实践中得到提高。大学生应多参加社会实践，在实际运用知识的过程中，提高自身能力，从而提高就业竞争力。

一、大学生准职业实践活动面面观

大学生准职业实践活动是指根据职业需要，有目的、有计划、有组织地将知识的有关内容延伸到课外，创造实践情境、选择实践内容、开展实践活动，提高大学生职业素质的活动。之所以称之为"准职业实践活动"，是与在职人员的纯职业活动相区别，是一种课余的（非全日制）、不以谋生为目的的（以提升职业观念和素质为目的）、兼职的（非专职的）职业实践活动。

大学生准职业实践活动具有明确的目的，它是以提升职业素质为目的、以职业岗位对未来专业人才素质为要求，与大学生的专业成才和提高自身综合素质的强烈愿望相联系的实践活动。知识主要解决理论认知"是什么"的问题，实践活动主要解决个体行为"怎样做"的问题。通过理论联系实际的准职业实践活动，使大学生加深对知识的认知和理解，在实践活动中训练、强化和养成正确的职业观念和良好的职业习惯。大部分准职业实践活动具有较完整的计划，即根据教学大纲的要求，结合大学生的知识结构，有计划地按步骤、分阶段、定内容、有组织、有考核地安排实践活动。准职业实践活动应形式多样，因人制宜、因地制宜，按照不同需求安排不同的职业实践活动。

大学生准职业实践活动是一项系统工程，它涵盖了大学生实践活动的许多形式，包括学生社团活动、业余兼职活动、科技实践活动和生产实习活动等，对提高大学生的综合素质，加强职业素质的拓展具有十分重要的作用。

学生社团活动是指由具有某方面共同兴趣爱好的学生自发成立的、为实现成员共同愿望而开展的活动，是学生自我教育、自我管理、自我服务的有效形式。作为学生自发组织的学生团体，它在凝聚青年学生、繁荣校园文化、有效提高学生综合素质、锻炼学生职业能力等方面发挥着重要的作用。伴随着高校教育教学改革的深入和在校学生规模的增加，学生社团一直保持着健康、持续、稳定的发展，无论从数量还是从参加人数来看，都呈逐年上升的趋势。当前高校学生社团的发展呈现出广泛的参与性、充分的民主性、较强的科技性、动态的多样性、较强的规范性等特点。学生社团在提高大学生综合素质中发挥着重要作用，高校实行弹性学制、完全学分制后，以班级为单位的学生教育管理模式淡化，以共同的兴趣爱好为基础、以学生的自治管理为运行模式的各种学生社团成为大学生提升品质、拓展素质的重要途径。学生通过参加社团活动，进行相互交流、合作开展研究、发展个人爱好、实现共同提高。学生社团还承载着为大学生就业、创业服务的功能，从用人单位反馈到高校的信息来看，目前社会青睐的是人文情怀浓厚、理论联系实际、既能动口又能动手、具有创新精神、一专多能的大学生，学生社团正为实现这一需要提供平台。

业余兼职活动是指在校大学生所从事的校内外非全职的兼职职业活动。大学生兼职现象已经非常普遍，兼职方式也日益多样化，从传统的家教，到产品推销员、市场调查员、翻译、导游，甚至炒股、投资等商业活动都成为现代大学生兼职的方式。大学生兼职不同于一般意义上的打工，它不仅具有临时工的期限性和不稳定性，更具有知识性的特点，从某种意义上说，可以将其划归为一种有偿的社会实践活动。从事兼职的大学生往往能够从更深的层面了解知识的经济价值。无论从社会方面还是从个人方面来说，兼职都是一种有益的尝试，是将知识自觉不自觉地转化为生产力的表现。业余兼职活动对提升大学生的综合素质意义重大。首先，通过兼职可以增强大学生的职业观念，进一步端正学习态度。在兼职过程中的激烈竞争，迫使他们认真对待工作，不断追求创新；在社会兼职工作中接受社会规范、学习角色职责，在无意识的适应中接受教育和熏陶，在有意识的适应中调控自己的行为方式。同时，业余兼职活动使青年大学生广泛接触社会，正确认识自己新的人生价值坐标。有调查显示，近半数的兼职大学生认为参与兼职活动主要是为了丰富自己的阅历。通过脚踏实地的实践和来自成功与失败的磨炼，使学生发现自己的价值，中肯地评价自我，增强自信心，对自己走向社会后应该充任什么角色有了更清醒的认识，从而正确树立远景学习目标，有助于正确确立职业目标和奋斗方向。通过业余兼职活动，还能扩大学生的知识面，培养各种能力。尽管在兼职过程中学到的知识是非系统性的，但会唤起学生对知识的渴望，从而使所学的知识逐渐建立起内在联系，成为知识素质整体的一部分。大学生在兼职活动中常常遇到书本上没有涉及和不能解决的问题，正是在解决这些问题的过程中，使专业知识得到深化。兼职活动使大学生从学校、班级、家庭的生活圈走进社会的大课堂，学习妥善处理人际关系，不断增强应变能力和组织管理能力。

科技实践活动是大学生围绕某一主题，利用课余时间进行的研究性学习和实践活动，是一种具有教育和科技综合性、专业和创新一体化的准职业实践活动。科技实践活动有参观访问、科技文化卫生服务、科技竞赛等多种方式，如参与导师科技攻关、数模竞赛、挑战杯等。科技实践活动有助于大学生深入理解科技知识，增强科技意识，学会科学的思维方法，从而树立严谨的科学态度，培养务实的科学精神，激发科学研究的热情，加强科学实践的能力，有效提高大学生的科技素质。同时，科技实践活动已成为培养大学生创新创业能力的重要平台和环节。它顺应了当今世界高等教育"产、学、研"一体化的发展趋势，有利于营造校园科技育人氛围，拓展大学生的科技实战能力，为大学生职业训练提供了极佳的机会。生产实习活动是指大学生按照专业培养方案，到相关生产企业所进行的与专业有关的实践活动。

生产实习活动包括专业认知实习、专业训练实习、毕业实习等内容。与学生社团活动和业余兼职活动不同，生产实习活动是专业教学的实践环节，是教学计划和教学任务的重要组成部分。生产实习活动有助于大学生在实践中锻炼动手能力，真正达到教、学、做合一，对于提高职业能力素质有着十分重要的作用。美国有的工科院校规定，大学生在四年大学学习期间要花 15 个月的时间在工厂、企业学习；德国的工科院校规定，学生参加实践或实习的时间不得少于 26 周，理工科学生在学完一至三年后参加"中间考试"，合格后必须参加一定的生产性实习，然后才能撰写毕业论文。通过生产实习活动，大学生能够更深入地接触实际，对所学专业的生产、设计和研究工作建立起感性认识；能够直接向专业技术人员、管理人员学习组织和管理知识，获得生产实际知识和技能，培养分析和解决实际问题的初步能力等；还能促进大学生深入了解社会和国情，增强职业观念，培养事业心和责任感，为今后走向社会从事职业工作打下良好的基础。积极参与生产实习活动，不但有利于大学生积累就业经验，而且有利于大学生更加全面地了解用人单位的实际情况，丰富大学生的就业选择，拓宽大学生的就业门路。

二、立足就业创业，加强职业实践

大学生应正确认识职业实践的重要性，充分利用课余时间，积极投身职业实践活动。应以稳定的校内外职业实践平台为依托，有计划、有针对性地参加各种职业实践活动，着力培养社会适应能力、操作动手能力、学习研究能力和创新创业能力，全面拓展自身的职业素养。职业实践是提高职业素养的有效途径，是职业素质养成的重要手段和必要环节。职业素质中的核心是能力素质，现代社会职业要求大学生必须具备较强的竞争能力、适应能力、动手能力和创新能力，且对一专多能和多专数能的复合型人才需求量大，因此积极投身职业实践活动对大学生显得特别重要。能力素质的培养既需要从书本上、理论上正确认知，更主要的是依靠社会实践的体验和锻炼来逐步养成。大学生只有积极投身业余职业实践活动，切身体验职业生活、增强职业情感、优化职业心理、磨炼职业意志、探讨职业创新，才能切实提升职业综合素养。

为此，大学生要善于利用节假日、双周日、寒暑假等空余时间，善于利用学生社团、创新创业指导中心、科技实践、生产实习和校内外职业实践基地等平台，积极开展科研助理、社会家教、业余兼职、自创公司与管理等各种各样的职业实践活动，在确保正常学习深造的前提下，规划设计好业余职业实践活动计划，有目的、有步骤地培训和发展自己的职业素养。既深化专业知识的学习，又直接参与科研、生产、经营管理等各项实践活动,增加感性认识,实现从理论到实践、再从实践到理论的反复循环,切实增长实干才能,全面提升职业能力。

大学生应善于通过职业实践促进自身职业素养的全面发展,以高位强健的职业素养确保职业竞争的优势。要通过积极的职业实践活动,吸收新知识、开阔新视野、增长新才能,从更广阔的角度认识社会、他人和自己,在与集体、他人共事的过程中学会相互理解、尊重与协作,践履各种行为规范,增强职业责任感和团队精神,不断提升自身的职业竞争力。

大学生还应通过职业实践活动拓展就业门路。在大学生就业难的感叹声中,用人单位对大学毕业生的职业素质要求却越来越高,简历上的实践活动也越来越重要。因此,大学生不但需要充分的知识准备和身心准备,而且需要足够的实践经验准备。同时,应通过大量的职业实践活动,了解社会行业的发展动态和岗位需求,了解行业过去的背景与新的增长点,并根据个人的专长和爱好,选择合适的职业实践内容,为自己将来的就业打好基础。同时,通过职业实践活动展现自己的才华,让社会更好地了解自己、青睐自己,为就业拓展广阔的门路。

需特别强调的是,大学生应通过积极的职业实践活动,注重增强自身的创新创业素质。创新创业是传统观念的新发展,对传统教育提出了挑战,对大学生的知识结构、综合素质和各项能力提出了新的要求。同时,创新创业也是大学生成长成才的重要途径,创新创业素质是活跃大学生思维、推动自身健康成长的内在力量。

职业实践有助于大学生创新能力的培养。21世纪是知识经济时代,知识经济的核心是知识的创新、开发、传播和实践。我们倡导的素质教育也是重视培养学生的综合能力,其中实践能力和创新能力是两个最重要的方面,创新是知识经济和素质教育的共同灵魂,创新能力的培养离不开实践,大学生作为职业实践的主体,理应主动积极参与。职业实践的开展能进一步激发大学生学习的积极性和主动性,拓展知识的深度和广度,提高创新能力。

职业实践活动同样有助于大学生创业能力的培养。高校毕业生创业是一种全新的就业模式,是指大学生毕业后不通过传统的就业渠道谋取职业发展,而是依靠自身的学识智慧、科技发明和劳动,通过多种渠道融资,开办自己的企业,既解决了自身就业问题,又创造了就业岗位。自主创业不同于就业、出国、升学这三条传统就业主渠道,是深化改革开放以来就业渠道多元化的一种新型就业模式。它需要大学生的职业实践活动作为基础,通过参加职业实践活动,锻炼大学生的组织、管理、协调、沟通、策划等能力,培养大学生独立思考、敢于质疑、勇于突破的开拓意识,推动大学生胸有成竹地开创事业。

创新创业是大学生报效祖国的具体行动。大学生创新创业有利于激活人才资源和科技资源,促进新创意、新科技迅速转化为现实的生产力。同时,在我国当前就业形势紧张的状况下，创新创业增加了就业岗位，减少了社会的就业压力。因此，大学生应适应时代需求，大力培养自身创新创业意识，为投身社会、报效祖国奠定优秀的思想素质基础。

在开展职业实践活动的方法层面，既要正确处理主体学习和业余职业实践的关系，又要注重就业目标与日常学习和业余职业实践活动的有机结合。面对就业形势严峻、竞争日益激烈的现状，大学生在学习成长的过程中，不但要注重发展自身的综合素质，还要注重就业目标的实现，把就业取向贯穿于主体学习和业余职业实践活动的全过程。

首先，要以课堂学习为基础，以职业目标为导向，注重提高相应的知识水平和认知能力。课堂教学应包括专业课教学和职业指导课程的教学，按教学计划分年级、分阶段、分重点进行，真正帮助大学生构建合理的知识结构。大学生应主动学习有关就业指导的书籍，积极参与职业指导的课程教学，在学习过程中对职业生涯规划、就业素质储备、创新创业意识、就业形势政策、求职方向与技巧等给予更多的关注。同时，大学生还要通过参加各种活动和讲座，多聆听专家学者、成功人士和优秀校友的报告，增加见闻，丰富自身就业知识。

其次，要以实践活动为重点，以职业目标为导向，注重增强就业能力和创业能力。通过参加社会实践，一方面可以将所学的理论知识放到实践中去体会，激发学习兴趣；另一方面可以在社会实践中培养职业意识、职业道德，增强职业技能，学会沟通与合作，为今后进入职场打好基础。在职业实践过程中应注重与就业目标相结合，紧密结合就业市场实际，积极参与就业模拟实践，有目的地寻找一些有益于将来就业的社会实践岗位，以便积累工作经验，增加就业概率。可利用兼职、走访、参观、访问、社会调查等方式，了解用人单位的需求状况，感受就业市场氛围，寻找就业、创业机会。

最后，要以建立基地为手段，以职业目标为导向，注重提高大学生的职场适应能力和竞争能力。这里的基地是指大学生职业实践基地，如校内的实验室，校外的实习基地和社会实践基地，学校与企业、街道、机关、军队等社会组织共建的就业基地等。目前，大学生职业实践活动的机会很少，平台缺乏，政府和学校应大力建立职业实践基地，以培养和提升大学生的职场适应能力和竞争能力。各行各业应结合生产实际设置大学生职业实践基地，积极吸纳大学生前来开展职业实践活动，以便更准确地培养和选择自己所需要的优秀人才。大学生应积极并善于利用职业实践基地，以提升职业素养为切入点，以就业创业为目标，力争实现从实践到就业、创业的顺利过渡。

参考文献

[1] 张洁，龙晓闽 . 关于大学生就业创业实践教育的要素探讨 [J]. 时代报告，2017（16）：204.

[2] 王洪亮 . 大学生就业创业实践教育的几项要素 [J]. 科技资讯，2017，15（28）：209-210.

[3] 魏美 . 对高职院校大学生就业创业教育途径的研究 [J]. 艺术科技，2016（10）：386.

[4] 佚名 . 教育供给侧改革下部分地方普通高校转型路径探索 [J]. 陕西理工大学学报（社会科学版），2018（3）：71-75.

[5] 廖利明 . 供给侧改革要求下高校大学生就业新思路 [J]. 继续教育研究，2017（8）：97-99.

[6] 王妍 . 高校转型过程中的大学生就业创业能力培养研究 [J]. 中外企业家，2017（5）：183-184.

[7] 邹晓川，李俊，林强 . 地方高校应用型人才培养模式改革与创新的探索与实践 [J]. 化学教育，2017，38（16）：14-18.

[8] 何海燕 . 大学生就业指导中思想政治教育的现状分析 [J]. 教育与职业，2008（3）：107-108.

[9] 丁静 . 大学生就业中的思想政治教育研究 [J]. 教育与职业，2008（33）：95-97.

[10] 柳卉 . 试论网络时代加强高校思想政治教育工作 [J]. 陕西师范大学学报（哲学社会科学版），2007（7）：104-107.

[11] 任丹婷 . 大学生就业与思想政治工作探析 [J]. 黑龙江高教研究，2008（4）：116-117.

[12] 吕冰 . 大学生就业指导及其反思 [J]. 中国职业技术教育，2007（12）：55-56.

[13] 平欢梅 . 新形势下大学生就业中的思想政治教育问题与对策研究 [D]. 北京：华北电力大学，2011.

[14] 于凯 . 新媒体时代高校就业指导的思政教育创新 [J]. 青年科学（教师版），2014，35（8）：29.

[15] 刘义 . 社会主义核心价值观对当代青年就业观的影响 [J]. 人民论坛，2013（34）：

130-132.

[16] 孙冬青. 加强大学生就业思政教育的必要性研究 [J]. 管理观察，2009（7）：151-152.

[17] 安德森. 创客新工业革命 [M]. 萧潇，译. 北京：中信出版社，2012.

[18] 罗兰. 高校创新创业教育评价体系构建策略研究 [D]. 长春：东北师范大学，2018.

[19] 张少兵. 创客教育视角下创新创业教育模式改革研究 [J]. 黑河学院学报，2018（11）：105-107.

[20] 祝智庭，雒亮. 从创客运动到创客教育：培植众创文化 [J]. 电化教育研究，2015（7）：5-13.

[21] 吕文官，段剑伟. 高职高专计算机网络专业基于"创客精神"引领创新创业教育有效路径研究 [J]. 山东农业工程学院学报，2018（6）：163-164.

[22] 彭俊杰，林金雄，周志芳. 基于创客教育的高校创新创业教育革新路径分析 [J]. 教育教学论坛，2019（2）：110-111.

[23] 田剑，赵蕾，尹祥信. 众创空间中创客参与动机与创业行为关系的实证研究——以创业经验为调节变量 [J]. 江苏科技大学学报，2018（3）：82-88.

[24] 韩晨光，曲绍卫，纪效珲. 能力基点：理工科大学生创业创客教育课程设计及实践——基于两岸理工科大学生创业能力调查数据 [J]. 现代教育技术，2015（2）：114-119.